한입이어도
제대로 먹는
유럽여행

벨라루나 한뼘여행 시리즈 002

한입이어도 제대로 먹는 유럽여행

로컬들만 찾는다는 맛있는 핫플레이스 154

이재호 지음

여행을 시작하면서

이제 '음식'이란 단순히 허기를 채우기 위한 것만이 아닌, 탐미의 대상이자 쾌락의 대상으로 변해가고 있다. 그런데 정작 유럽으로 배낭여행을 떠나는 많은 사람들은 왜 아직도 맥도날드와 스타벅스를 전전하고 있을까. 그리고 기껏 찾아간 식당들은 왜 그들을 실망시키곤 하는 걸까. 이제 '스파게티'라는 말보다 '파스타'라는 말이 더 많이 쓰이고, '바싹 익혀주세요'보다는 '미디움웰던'을 외치는 사람들이 늘었지만, 그럼에도 현지에서 맞닥뜨리는 서양 요리는 우리에게 여전히 요원한 존재로 남아있다. 그도 그럴 것이 지금껏 시중에 나온 가이드북들은 대개 한물간 식당들을 소개하거나, 기껏 좋은 식당들을 소개해도 한 줄로 짤막하게 언급해놓았을 뿐이다. 그러니 예약하는 방법에서부터 막히게 되고, 예약에 성공한다 한들, 우리나라와 다른 메뉴판은 어지간히 미식 경험이 있는 사람들조차도 당황스럽게 만들기 일쑤다.

본토에서 즐기는 현지 음식들은 요리를 전공한 셰프들이나 소위 '미식가'라고 불리는 일부 사람들만이 향유하는 영역의 것으로 치부되어왔다. 그러나 맛있는 음식을 즐기겠다고 해서 모두가 요리를 전문적으로 배울 수는 없는 노릇이다. 태어날 때부터 '미식가'인 사람도 없을 테고.

맛있는 음식을 제대로 즐기기 위해서는 크게 두 가지, 바로 '지식'과 '경험'이 필요하다. 여행은 이 두 가지를 동시에 얻기에 아주 좋은 수단이다. 즉, 우리는 여행을 떠나 그곳의 풍경을 구경하는 것을 넘어서, 앞으로 더 즐거운 삶을 누리게 해줄 '식도락'의 영역까지 손을 뻗을 수 있다. 나는 21년간 총 21차례 해외여행을 다녀왔다. 그간 숱한 시행착오를 겪으며 가장 발전한 것은 '어떻게' 여행할 것인가이다.

나는 셰프가 아니다. 따라서 이 책 또한 요리 전공자를 위한 것이 아니다. 유럽으로 여행을 떠나는 사람들에게 현지의 맛있는 음식들을 제대로 즐기는 법을 알려주기 위한 책이다. 누구나 쉽게 따라갈 수 있도록 한국 사람들이 가장 선호하는 배낭여행지들을 선정하였으며, 여행중 한 번쯤 접근해볼 만한 가격대의 음식과 식당들 그리고 관광지에서 멀지 않아 전체 여행 일정에도 큰 차질을 주지 않을 곳들로 골랐다. 유럽 요리에 대한 지식이 없는 사람들도 처음부터 차례대로 읽어나가면 쉽게 이해할 수 있을 것이다.

이 한 권의 책으로 누군가의 여행이 풍족해질 수 있기를 바란다.

차례

여행을 시작하면서 **004**

유럽 식당 알아두기 **012**
미식 여행을 위한 팁 **021**

로마

아르만도 알 판테온 **028**
타짜도로 **031**
산 에우스타키오 일 카페 **033**
산 크리스피노 **036**
메타모르포시 **038**
유로 자전거나라 **043**
라 테라차 **044**
바르비 와이너리 **046**
레 디 마키아 **048**
에노테카 디 피아차 몬탈치노 **050**
와이낫? **051**
피엔차 **052**
마르차파네 **054**
젤라테리아 라 로마나 **058**
이탈리아 푸드 투어 **059**
바르베리니 **060**
볼페티 **062**
볼페티 피우 **064**
테스타치오 시장 **066**
모차렐라 디 부팔라 **068**
Dess' Art **069**
플라비오 알 벨라베보데또 **070**

트라피치노 072
지올리티 073
소르파소 075
로미오 077
이탈리아식 아침식사 081
감브리누스 082
판타지아 젤라티 083
쿠오포 084
펠리체 085

피렌체

델 파졸리 090
젤라테리아 데이 네리 093
테이스트 플로렌스 푸드 투어 094
라 노르치네리아 095
일 칸투치오 096
포르노 카나파 097
피렌체 중앙시장 098
다 네르보네 099
파스티체리아 시에니 100
에노테카 알레시 101
젤라테리아 에도아르도 103
페르케 노 104
그롬 105
일 라티니 106
젤라테리아 라 카라이아 109
카페 질리 110
알 안티코 비나이오 111
일 산토 베비토레 113
젤라테리아 산타 트리니타 117
잇탤리 118
오라 다리아 120
리보이레 122

비볼리 123
베스트리 124
라 기오스트라 125
콘체르토 파츠콥스키 127

런던

갤빈 앳 윈도우즈 150
톰스키친 155
디너 바이 헤스톤 블루멘탈 158
헤롯 162
씨 쉘 오브 리손 그로브 164
클로브 클럽 165
먼마우스 170
버로우 마켓 172
포트넘 앤 메이슨 173
더 스퀘어 175

베로나·베네치아

오스테리아 라 폰타니나 130
카페 보르사리 132
보테가 델 비노 133
달 모로의 프레시 파스타 136
카페 플로리안 137
젤라테리아 니코 138
트라토리아 알라 마돈나 139
N.iCE CREAM 141
일 리도토 142
벵키 145
다이 프라데이 146

파리

셰 미셸 180
클레 루이 트레즈 184
베르티옹 190
카페 드 라 페 191
샤르티에 192
메종 라흐니콜 194

르 샬루 196
카페 드 뤠스트 198
라 로통드 199
르 자르댕 레 크레이에 201
메르시에 205
레 코코트 드 콩스탕 207
레 부키니스트 209
코지 212
레 알 드 리옹 폴 보퀴즈 213
기 라소제 215
레옹 드 리옹 221
르 퓌무아르 224
필리프 고슬랭 225
사튀른 226
레클레르 드 제니 230
라 카페오테크 232
오 봉 크뤼 234
카페 드 플로르 236
라 파티스리 데 레브 238
르 비올롱 당그르 240
쿠킹 위드 클래스 243
이브닝 마켓 쿠킹 클래스 244
카페 두 물랭 247
아르노 들몽뜰 248

크리스토프 루셀 249
샤마레 몽마르트르 250
프렌치 비스트로 디저트 클래스 254
카페 콩스탕 256
크레프리 브로셀리앙드 259
마카롱 클래스 261
르 콩투아 뒤 를레 263
A.T 267
미스 런치 272
라 그랑드 에피스리 드 파리 275
르 꼬르동 블루 277
르 꼬르동 베르 278
르 샤또브리앙 280

부다페스트

군델 286
클러스 288
테이스트 헝가리 291
유니쿰 292
콜바스 293

파프리카 294
치즈 295
란고시 296
디스노토로스 식당 297
아우구스트 추크라스더 298
보르비로셔그 299
뮈베스 카페 300
보크 비스트로 302
센트럴 카페 304
카페 제르보 305
북 카페 306
보르코니하 와인키친 307
팁 톱 바 309

벨키 비노그라프 321
체스트르 322
카페 사보이 325
라 데귀스타시옹 327
카페 라운지 334
트르델닉 336
크르츠마 브 세아트라브스케 우리치 337
DEPO 339
로컬 340
알크론 342

소개를 마치며 350

프라하

카페 임페리얼 312
카페 오베츠니 둠 314
테이스트 프라하 316
시스터즈 319
나셰 마소 320

유럽 식당 알아두기

식당에 대한 모든 것

1. 어떤 식당을 가야 할까?

많은 사람들이 관광객들을 대상으로 하는 식당들에서 식사를 한 후, 크게 실망하고 유럽 음식 직접 먹어보니 별로더라는 말을 한다. 그러나 우리나라에서도 맛있는 곰탕을 먹으려면 하동관으로, 맛있는 삼계탕을 먹으려면 토속촌으로 가야 하듯 유럽에서도 맛있는 음식을 먹으려면 당연히 맛있는 식당을 찾아가야 한다.

이 책에 실린 식당들은 현지인들의 추천과 권위 있는 레스토랑 평가서인 이탈리아의 '감베로 로소', 프랑스의 '미슐랭 가이드', 영국의 '월드 베스트 레스토랑 50'에 실린 곳들 중 일반 여행객들도 접근해볼 만한 곳들로 선정한 것이다. 또한 각 지역의 맛을 잘 드러내주는, 그곳에서만 먹을 수 있는 전통 음식들을 다루는 곳들과 최신 유행하는 스타일의 음식을 내놓는 곳들을 두루 골랐다.

● **미슐랭 스타**

엄밀히는 별이 아니고 마카롱이므로 '미슐랭 마카롱'이라고 불러야 맞지만 통념상 '미슐랭 스타'라고 부르기로 한다.

미슐랭 1스타	그 식당이 속한 범주에서 아주 좋은 식당이다. Une très bonne table dans sa catégorie
미슐랭 2스타	가던 길을 돌아서 갈 정도로 매우 훌륭한 식당이다. Table excellente, mérite un détour
미슐랭 3스타	그곳을 위해 여행을 가도 될 만큼 최고의 식당이다. Une des meilleures tables, vaut le voyage
BIB Gourmand	적절한 가격에 괜찮은 음식을 제공한다. Un repas soigné à prix modéré

2. 어떻게 주문해야 할까?

우선 메뉴판의 구성부터 이해해야 한다.
여기서는 이탈리아와 프랑스만을 다룬다.

● 이탈리아 메뉴판의 구성

① Antipasto	'파스타 전에'라는 뜻으로 전식을 말한다.
② Primo piatto	'첫번째 접시'라는 뜻으로 파스타나 리소토 등을 지칭한다.
③ Secondi Piatto	'두번째 접시'라는 뜻으로 생선, 고기 등의 주요리를 말한다.
④ Dolco	'부드러운, 감미로운'이라는 뜻으로 후식을 말한다.

여기에 수프(주파, Zuppa), 곁들여 먹는 음식(콘토르노, Contorno), 치즈(포르마지오, Formaggio) 등을 추가할 수 있다.

메뉴판에 요리 이름만 적어놓는 한국과 달리 이탈리아는 재료(스파게티, 소 등심 등)에 소스나 조리법(라구 소스, 팬에 구운 등), 곁들이는 것(새우, 감자 등) 등을 모두 표기하므로 처음엔 당황할 수 있지만 잘 읽어보면 어떤 요리가 나올지 가늠하기 쉽다.

● 프랑스 메뉴판의 구성

① Entrées	'들어간다'라는 뜻으로 코스의 시작, 즉 전식을 말한다.
② Plats	'접시'라는 뜻으로 본식을 말한다. 원래는 주접시라는 뜻의 Plat Principal이라 부르지만 흔히들 생략해서 부른다. 크게 생선(푸아송, Poisson)과 고기(비앙드, Viande)로 나뉜다.
③ Desserts	'마무리'라는 뜻으로 코스의 마지막, 즉 후식을 말한다.

여기에 치즈(프로마주, Fromage)를 추가 주문하거나 디저트 대용으로 주문할 수도 있다.

Amuse-bouche(입을 즐겁게 하다), hors-d'oeuvre(주된 것들을 제외한)
: 식전에 나오는 간단한 무료 전식
Pré-dessert
: 디저트가 나오기 전에 제공하는 간단한 '디저트 전 디저트'
Petit-four(작은 오븐), mignardises(귀여운, 사랑스러운)
: 커피와 함께 나오는 한입 크기의 작은 디저트

이탈리아와 마찬가지로 재료에 조리법 그리고 곁들이는 음식 등을 모두 메뉴에 표기한다. Formule이나 Menu라고 하여 세트로 구성된 것은 단품(à la carte)으로 따로 주문하는 것보다 훨씬 저렴하다.

식전에 식전주(Apéritif)나 탄산수(Eau Gazeuse), 광천수(Eau Minérale), 식후에 식후주(Digestif)나 커피(café) 등을 주문할지를 묻는데 전부 돈을 따로 지불해야 하니 무턱대고 네, 하고 대답하다보면 영수증을 보고 기절할지도 모른다. 무료로 제공되는 것에는 수돗물(Carafe d'Eau)이 있다.

● **자릿세에 유의하자!**
이탈리아와 프랑스 카페에서는 바에 서서 마시는 경우 자릿세가 따로 붙지 않지만, 테이블이나 테라스에 자리 할 때에는 음료 가격이 올라가거나 자릿세를 별도로 지불해야 한다.
식당의 경우 프랑스에서는 별도의 자릿세가 붙지 않지만 이탈리아에서는 자릿세 혹은 빵값 등의 명목으로 인당 추가적인 요금이 붙으니 계산서를 보고 당황하지 말도록 하자.

3. 코스는 어떻게 구성될까?

한 상에 차려 먹는 우리나라 음식과 달리 서양의 음식은 대체로 일정하게 정해진 순서대로 먹는 것이 보편적이다. 그래서 이런 방식에 익숙하지 않은 사람들에겐 음식을 주문하는 순서가 굉장히 난해하게 다가올 수 있다. 그래서 입문자들에게는 식당에서 정해주는 코스 요리를 주문하길 권하지만, 그래도 코스에 본인이 선호하는 요리들이 없을 때는 과감하게 단품을 코스처럼 구성해서 먹어보자. 알고 보면 전혀 어렵지 않다.

● **코스 구성의 이해**

1코스	본식	
2코스	전식	본식
	본식	후식

가장 기본이 되는 전제는 전식-본식-후식으로 이어지는 3코스이다. 하지만 주로 일과 중에 먹게 되는 점심식사의 경우 간략히 먹고 일어나야 하는 수가 많아, 본식만 먹거나 전식 혹은 후식 정도만을 추가하는 1-2코스를 즐기곤 한다. 반면 다소 여유 있게 즐길 수 있는 저녁식사의 경우 기본적인 3코스에 전식, 본식 혹은 후식을 몇 가지 추가하여 4코스 이상의 요리를 즐기기도 한다. 어떻게 즐길지는 개인의 취향에 달렸다.

일반적인 룰은 대체로 이렇다.

전식	입맛을 돋궈줄 가볍고 상큼한 요리
	산미가 강하고 상큼한 스파클링 와인이나 화이트 와인을 곁들인다.
본식	배를 불려줄 무게감 있는 짭짤한 요리
	생선류에는 화이트 와인, 고기류에는 레드 와인이 잘 어울린다. 둘 다 먹을 땐 생선을 먼저, 고기를 나중에 먹는 것이 맛을 제대로 음미하기에 좋다.
후식	짠 입에 밸런스를 맞춰줄 달달한 요리
	디저트만큼, 아니 디저트보다도 더 달달한 디저트 와인을 고르자.

4. 와인은 어떻게 시켜야 할까?

여행을 떠나 많은 사람들이 봉착하는 가장 큰 문제는 바로 와인일 것이다. 와인을 단순히 비싼 것, 고급스러운 것, 사치스럽거나 허영스러운 것으로 치부하는 사람들이 많다. 그러나 그것은 한국에 잘못 들어온 왜곡

된 인식이다. 주류에 대한 높은 관세 때문에 가격이 높게 형성된 탓도 있고, 고급화를 전략으로 내세운 초기 마케팅의 영향으로 와인은 비싸다는 인식을 갖고 있는 사람들도 있다.

유럽에서는 학교에 들어가는 여덟 살 즈음의 아이에게 물에 와인을 살짝 타주어 맛을 보게도 한다. 그만큼 와인은 매 식사에 곁들이는 물과 같은 음료일 뿐이다. 심지어 물보다 저렴하기도 하다. 굳이 병째로 마셔야 하는 것도 아니어서 와인 한 잔 정도만 곁들여도 된다. 잔으로 파는 와인이 없는 식당은 거의 없다.

● 소믈리에에게 부탁하자

와인에 아무리 관심이 많은 사람이라 할지라도 처음 가본 식당의 와인 리스트를 펼쳤을 때 모든 와인을 다 알거나 오늘 먹을 음식에 어떤 와인이 가장 잘 어울리는지는 알 수는 없다. 그러니 당신이 와인 초보자라면 묻지도 따지지도 말고 소믈리에를 불러 추천을 부탁하자.

그들에게 묻는 것은 절대 부끄러운 일이 아니다. 가격대가 부담스러운 것을 추천받았다면, 좀더 저렴한 것은 없는지를 묻자. 음식과 어울리는 와인, 고객이 원하는 가격대와 맛의 와인을 찾아주는 것이 그들의 일이다.

● 기본적인 것은 알고 싶다면

1. 육류는 레드 와인, 해산물은 화이트 와인이 주로 어울린다. 항상 맞는 것은 아니지만 대개 레드 와인은 육류의 기름기를 잡아주고 화이트 와인은 해산물의 비릿함을 잡아준다.
2. 고기의 색깔에 맞추자. 육류 중에도 닭 같은 흰살 고기는 화이트 와인과 잘 어울린다. 마찬가지로 해산물 중에도 참치처럼 붉은 살을 가진 고기는 레드 와인과도 잘 어울린다.
3. 떼루아(terroir)의 힘을 믿자. 떼루아란 포도가 자라는 데 영향을 주는 지리적, 기후적 요소 그리고 포도재배법 등을 모두 포괄하는 표현이다. 특정 지역에서 음식을 먹을 때에는 그 지역의 와인을 선택했으면 좋겠다. 같은 떼루아에서 자란 식재료와 와인은 의도하지 않아도 묘하게 잘 어울리는 구석이 있다. 또한 다른 그 어떤 도시보다도 그곳에서 먹는 것이 경제적이다. 심지어는 다른 도시에선 절대 마시지 못하는, 즉 그 도시에서만 소비되는 와인도 부지기수다.

물론, 기본적인 것을 알았다면 남은 일은 소믈리에게 추천을 부탁하는 일이다.

● 어떤 게 좋은 와인이에요?

쉽게 생각하면 비싼 게 좋은 것이다. 하지만 이렇게만 보면 좀 그렇다. 우선 등급 체계부터 이해하자. 프랑스 와인에는 원산지 통제 명칭 제도 AOC(Appellation d'Origine Contrôlée)가 있다. 이때 원산지(d'Origine)의 범위가 좁을수록, 즉 작은 마을 단위로 갈수록 좀더 고급 와인에 속한다. 그러니 AOC가 붙은 와인은 좋은 와인이라고 무방하다.

이 아래로 지역 등급 와인 VdP(Vin de Pays), 테이블 와인 VdT(Vin de Table) 등이 있다. 그러나 VdP 중에도 AOC 자격만 못 갖추었을 뿐 질이 훌륭한 와인도 있을 수 있다. VdP 중에 비싼 것들이 주로 그렇다. 또 좋은 와인이라고 해서 반드시 식사에 어울리는 와인이란 건 아니다. 각각의 와인과 음식이 가진 힘에 따라 때로는 비싼 와인보다 싼 와인이 더 좋은 와인일 수도 있다. 그럼, 그걸 어떻게 판가름하냐고? 그걸 판단하는 게 소믈리에의 일이다.

● 프랑스 와인과 이탈리아 와인

고품질 · 고가	프랑스 와인	이탈리아 와인
	AOC	DOCG
		DOC
	VdP	IGT
	VdT	VdT

- DOCG(Donominizaione di origine controllata eGarantita),
- DOC(Donominizaione di origine controllata)
- IGT(Indicazione Geografica Tipica),
- VdT(Vino da Tavola)

5. 레스토랑 구분하기

프랑스 레스토랑은 크게 고급 요리를 내놓는 가스트로노미, 대중 요리를 내놓는 비스트로로 나뉜다. 대중 요리는 좀더 세밀하게 점심과 저녁으로 영업시간에 구분이 있고 음식이 주, 와인이 부인 비스트로, 쉬는 시간 없이 영업하며 술이 주, 음식이 부인 브라쓰리를 구분해야 하지만 요즘에는 그 둘의 경계가 모호하다.

비스트로노미는 가스트로노미에서 품격 있는 서비스, 고급스런 인테리어, 비싼 식재료 등의 것을 걷어내고 요리에만 집중하여 맛있는 음식을 합리적인 가격에 내놓는 가스트로노미와 비스트로의 합성어이다. (가스트로 비스트로, 네오 비스트로 등으로도 불린다.)

🍵 프랑스와 이탈리아 레스토랑 비교

	프랑스	이탈리아
고급 식당	레스토랑	리스토란테
대중식당	비스트로	트라토리아
	브라쓰리	오스테리아

6. 알아둬야 할 식당 매너가 있다면?

🍵 유럽에서는 손님이 왕이 아니다

'팁을 주면 좋지만 안 줘도 상관없으니 내 인권이 우선이야'와 같은 생각으로 일에 대한 자부심으로 똘똘 뭉친 유럽의 종업원들에게 손님은 그들과 동등한 존재이다. 따라서 종업원을 부를 때는 눈빛 교환이나 살짝 손을 드는 정도로만 부르는 것이 좋다. '왜 쟤는 날 안 쳐다보지?'라고 생각한다면 십중팔구 자기 구역이 아닌 경우이다. 그러니 음식 주문도, 계산도 시간을 두고 여유 있게 하는 것이 좋다.

🍵 식기류를 쓰는 순서와 두는 방법

고급 식당에서는 식기들을 좌르르 배열해놓는 경우가 있다. 당황하지 말자. 식기들은 코스의 순서에 맞추어 바깥에서 안쪽으로 배열되어 있으니 음식이 나오면 양쪽의 가장 바깥 것부터 차례로 쓰면 된다.
또한 식사중에 대화를 하다보면 '아직 다 안 먹었는데 가져가면 어떡하지?' '더이상 먹고 싶지 않은데 안 치워주면 어떡하지?' 하고 걱정할 수 있는데, 포크와 나이프를 양쪽으로 놓으면 '식사중', 한쪽으로 놓으면 '식사 끝'이라는 뜻이므로, 말하지 않아도 종업원은 배열된 식기들을 보고 판단하여 행동할 것이다.

식사중

식사 끝

7. 주의해야 할 점은?

우선 우리에겐 '특별한' 여행이지만 그들에겐 '평범한' 일상임을 인지해야 한다. 개인적으로 국내에 여행 오는 몇몇 국가의 사람들에게 편견을 가지고 있다. 일하면서 접해온 외국인들 중 특정 국가 사람들이 상당히 무례했기 때문이다.

'여행중이니 봐주면 안 되나?'라는 생각은 버리는 것이 좋다. 그들에겐 그러한 점들이 쌓이고 쌓여 한국인을 뭉뚱그려 '무례한 사람들'이라고 인지해버리게 만들 수 있고, 그것은 결과적으로 국가 이미지에 먹칠을 하는 행위가 된다.

다음으로, 식당에서 가장 주의해야 할 점은 예약이다. 예약은 단순히 자리를 맡아놓는 역할이 아니라, 내가 그 시각에 갈 테니 재료와 자리를 준비해달라는 약속이다. 예약해놓고 가지 않거나 직전에 취소하는 것은 가장 피해야 할 점으로, 테이블 회전이 빠른 곳은 별 타격이 없겠지만 그렇지 않은 곳에는 매출에 치명적인 것은 물론, 식사를 하고 싶었던 다른 사람들의 즐거움까지 빼앗는 행위가 될 수 있다. 또한 요리를 하나만 시켜 여러 명이 나눠먹는 것도 실례가 될 수 있으니 가급적 인원수에 맞춰 음식을 주문하자. 무료로 제공되는 빵으로 배를 채울 생각이라면, 외국인 여러 명이 김치찌개 하나 시켜놓고 '여기 공깃밥 공짜죠?'라고 외치는 모습을 상상하자.

같은 맥락에서 가급적이면 식당 방문 전 여유를 두고 예약을 꼭 했으면 좋겠다.

우리나라 사람들은 유독 예약에 인색한 경향이 있다. 마치 예약은 특별한 날이나 굉장한 고급 레스토랑을 갈 때에나 필요한 것이라고 생각하는 듯하다. 하지만 앞서 말했듯 예약은 약속이다. 친구들을 만나기 위해 약속을 하듯, 맛있는 음식을 만나기 위해 예약을 하자. 특히 여름휴가, 연말연시 등의 이유로 가게 문을 닫는 경우가 빈번하거나, 테이블 만석 혹은 만석이 아니더라도 재료가 준비되지 않으면 굳이 손님을 받지 않는 유럽에서 예약은 거의 필수에 가깝다. 예약시에는 날짜, 예상 도착 시각, 인원수, 예약자명, 연락처 등을 알려주면 된다. 전혀 어려운 일이 아니니 예약을 망설이지 말자.

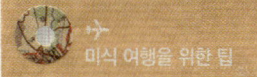
미식 여행을 위한 팁

미식 여행 동선 따라잡기

1. 한국-이탈리아

인천국제공항

인천공항까지 가는 방법에는 크게 두 가지가 있다. 먼저 공항철도를 이용하면 빠르긴 하지만 내려서 많이 걸어야 한다. 반면 공항버스는 교통 흐름에 영향을 받을 수는 있지만 터미널 앞에 바로 내려주므로 체크인 수속을 밟기에는 훨씬 편리하다.

ⓘ 인천국제공항 www.airport.kr

유럽으로 가는 비행기를 예매할 때 외항사를 이용하면 시간이 조금 더 걸리고 약간 불편하긴 하지만 그만큼 훨씬 싸게 갈 수 있다는 장점이 있다. 반면 대한항공이나 아시아나항공 등의 국적기를 이용하면 가격은 비싸지만 비교적 짧은 비행 시간과 편안한 의사소통, 입에 잘 맞는 한국 음식이 제공된다는 장점이 있다.

ⓘ 와이페이모어 www.whypaymore.co.kr 투어익스프레스 www.tourexpress.com

2. 이탈리아

기차

일찍 예매할수록 저렴하니 일정이 확정되는 대로 예약부터 하자. 기차 파업 등으로 이용을 못했을 땐 클릭 한번으로 환불이 가능하다. 오프라인으로 구매한 티켓을 환불받는 데에는 경험상 꼬박 1년이 걸렸다.

ⓘ 이탈리아철도청 www.trenitalia.com
　구간
　로마→나폴리, 로마→피렌체, 피렌체→라스페치아,
　피렌체→베로나, 베로나→베네치아

3. 영국

저가항공
스카이스캐너로 검색하여 싸고 적절한 것을 고르자. 공항이 시내에서 멀 수 있으니 위치 확인은 필수. 이지젯 파업으로 영국항공으로 대체했다.

◎ 스카이스캐너 www.skyscanner.co.kr

유로스타
일찍 예매할수록 저렴하니 일정이 확정되는 대로 예약부터 하자. 나는 런던 → 파리 구간을 이용했는데, 이곳 말고도 다른 도시로 갈 수도 있다.

◎ 유로스타 www.eurostar.com

4. 프랑스

기차
일찍 예매할수록 저렴하니 일정이 확정되는 대로 예약부터 하자. 동반석을 예약하면 비용을 크게 아낄 수 있다. 운이 좋다면 출발 며칠 전 땡처리 티켓을 구할 수도 있다.

◎ TGV Euroupe www.voyages-sncf.com

렌트카
차를 빌리면 동선을 짜기가 편해진다. 대중교통보다는 비싸지만, 4인 이상이면 큰 차이가 없다. 렌트카를 빌리려면 한국에서 경찰서나 운전면허시험장에 들러 미리 국제운전면허증을 발급받아 가도록 하자.

◎ Hertz www.hertz.com

5. 헝가리

저가항공
스카이스캐너로 검색하여 싸고 적절한 것을 고르자. 저가항공은 짐 싣는 것이 유료이며 미리 결제하는 것이 싸다. 트랜스아비아를 이용했다.

◎ 스카이스캐너 www.skyscanner.co.kr

야간버스

도시 이동도 하고 숙박료도 하루 아낄 수 있다. 물론 조금 피곤하다. (부다페스트 ↔ 프라하) 주간버스도 있다. 슬로바키아를 경유한다. 오렌지웨이는 부다페스트에서 23시 30분에 출발하여 프라하에 6시 45분에 도착한다.

ⓘ 오렌지웨이 http://www.orangeways.com

6. 체코

고속버스

일찍 예약해도 할인은 없지만 늦게 알아보면 자리가 없을 수 있다. (프라하 ↔ 체스키크룸로프) 버스 내에서 무료 WiFi가 제공된다.

ⓘ 스튜던트에이전시 www.studentagency.eu

체코에서 한국으로 들어오는 동선을 택했다. 이처럼 인아웃 도시를 달리하면 유럽여행의 동선을 본인의 입맛에 맞게 다채롭게 짤 수 있다.

숙소에 대한 모든 것

1. 위치

위치를 어디로 잡느냐는 굉장히 중요한 일이다. 여행에서 동선이 길어지면 낭비하는 시간도 길어지고 교통비 지출도 늘어나기 때문에 동선을 짧게 만들어줄 적절한 위치 선정이 정말 필요하다. 먼저 구글 지도를 이용하여 가볼 만한 곳들과 식당들의 위치를 먼저 표시해본다. 그러면 어디에 숙소를 둬야 동선이 짧아질지 아주 명확히 보인다. 가능하면 대부분 도보로 이동 가능한 곳에 잡도록 하자. 여행중 스마트폰의 GPS를 켠 구글 맵스 이용은 무료이니 여행 출발 전 미리 여행하고자 하는 지역의 지도를 구글 맵스 어플의 '오프라인 저장' 기능을 이용하여 저장해 놓자. 미리 표시해둔 곳의 위치도 뜨니 이보다 더 용이할 수는 없다.

2. 가격

다음으로 중요한 것은 가격. 우리가 돈이 많아 마음대로 고를 수 있으면 좋겠지만 현실은 대개 그렇지 못하다. 나는 총예산 중 식비 및 체험 활동 지출이 많은 편이라 평균 25유로 선에서 고른다.

2. 시설

아무리 위치가 좋고 가격이 저렴해도 시설이 형편없다면 그것은 여행을 망치기에 딱 좋은 숙소이다. 사진과 후기를 잘 살펴 청결도와 침대, 화장실 등을 유심히 살피자.

자, 그럼 이 기준에 맞는 적절한 숙소를 어떻게 고를 수 있을까. 다음은 호스텔 매니저로 재직하면서 속속들이 알게 된 숙박 시설의 예약 구조에 따른 분류이다.

🔴 현지인의 집을 빌리자
개인적으로 가장 추천하는 방법이다. 적절한 숙소를 고르려면 호텔이나 호스텔 등의 전문 숙박업소에 비해 더 많은 공을 들여야 하지만 잘 고르면 훨씬 저렴한 가격에 더 편하게 지낼 수 있다. 거기에 현지인처럼 지낼 수 있는 건 덤이다.
나는 피렌체에서는 두오모가 보이는 넓고 깨끗한 방에서 호스텔보다 더 저렴한 가격에 머물렀고, 파리에서는 집주인의 고양이를 맡아주는 조건으로 호스텔의 반값 정도에 집을 빌렸다.

◉ 에어비엔비 www.airbnb.co.kr   홈어웨이 www.homeaway.co.uk

🔴 예약 업체를 이용하자
흔히 B2C(Business to Customer)라 불리는 업체들로, 호텔로부터 총 숙박료의 10~25% 정도를 수수료로 떼어간다. 서로 가격을 비교하는 시스템을 갖추고 있으니 어느 사이트를 이용하나 사실 가격은 대동소이하다. 환불이 불가능한 것이 원칙이니 유의하자. 환불해주지 않는다고 떼써봐야 규정을 제대로 읽지 않은 손님 탓이다. 혹 가격을 하나씩 비교해보고 싶다면 '호텔 컴바인' 등의 가격 비교 사이트들도 있으니 참고하자.

◉ 부킹닷컴 www.booking.com   호스텔월드 www.hostelworld.com

🔴 여행사를 이용하자
흔히 B2B(Business to Business)라 불리는 중간 업체를 한번 더 거치는 업체들로, 호텔로부터 총 숙박료의 25% 이상을 수수료로 떼어간다. 업체들이 호텔팩 등으로 판매하는 상품들은 대개 호텔로부터 특가를 공급받는 경우가 많아 가격 경쟁력이 있다. 다만 여행사와 결탁하는 호텔들은 위치나 시설 등에 결함이 있을 확률이 높으니 자세히 살펴보자.

◉ 하나투어 www.hanatour.com   모두투어 www.modetour.com

🔴 숙박업소에 직접 연락해보자
앞서의 방법들은 모두 수수료를 뗀다. 그래서 일부 업소들은 직접 문의할 경우 수수료만큼 숙박료를 할인해주기도 한다. 얼마나 할인받을 수 있을지는 각자의 재량에 달렸다. 내 경우에는 터키와 그리스 등을 여행할 때 7%에서 15% 정도를 할인받은 경험이 있다.

로마

DAY 01

로마 전통 요리
아르만도 알 판테온

ⓘ 업체 정보	Armando al Pantheon	
◯ 업체 위치	Salita dè Crescenzi, 31, 00186 Roma	
⊙ 영업시간	월-금 12:30~23:00(브레이크타임 15:00~19:00) 토 12:30~15:00, 일 휴무	
◎ 예약 방법	온라인 예약 http://armandoalpantheon.it 이메일 예약 info@armandoalphantheon.it 전화 예약 +39 06 6880 3034	
€ 가격	파스타 10유로대, 주요리 20유로대	
☺ 작가의 말	로마에서 간 곳 중 가장 로마스러웠던 곳이었다.	

서울뿐만 아니라 파리, 런던, 뉴욕 등 각국의 대도시들은 미식의 중심지가 되기 쉽다. 하지만 '이탈리아에 이탈리아 음식이란 없다'는 말처럼, 이탈리아는 철저히 지방별로 분화되어 있는 탓에 로마라고 해서 딱히 유명 식당들이 몰려 있는 건 아니다. 미슐랭 가이드에 언급된 곳들은 대개 시 외곽에 있고, 그나마도 프랑스 평가서이다보니 이탈리아와는 궁합이 잘 맞지 않는 경우가 많아 이곳에선 이탈리아 평가서인 '감베로 로소'를 많이 참고했다. 감베로 로소는 '빨간 새우'라는 뜻이며 레스토랑을 평가할 때 미슐랭 가이드와 달리 고급식당(리스토란테)은 포크 개수 1~3개를 비롯하여 점수도 매기며, 대중식당(트라토리아)은 새우 개수 1~3개로 평가한다. 여기서 새우는 미슐랭 가이드에서 별과 같은 의미를 가진다.

그중 가장 마음을 끈 곳이 2015년에 새우 3개(로마 대중식당 중 최고 점수)를 받은 〈아르만도 알 판테온〉이었다. 판테온 앞에 위치한 이 식당은 1961년에 아르만도 셰프가 문을 연 곳으로 제2대 로마 황제 티베리우스 시절 요리사의 조리법에 기반을 둔 로마 전통 요리들을 선보인다. 현재는 그의 첫째 아들 클라우디오가 주방을, 동생 파브리지오가 와인을, 클라우디오의 딸 파비아나가 서빙을 맡고 있다.

1. 식사와 곁들여 먹는 빵*

2. 토스카나 지방의 몬테풀치아노에서 생산된 DOC 등급의 레드 와인

3. 파르메산 치즈를 얹은 가지 튀김

4. 로마 대표 요리 중 하나인 주키니 호박 꽃 튀김

5. 토마토 소스 뇨끼

6. 고르곤졸라 소스 뇨끼

7. 토마토 소스 소꼬리 찜

• 빵은 식전에만 먹는 것이 아니라 식사 내내 먹는 것이다. 따라서 식전빵이라는 표현 대신 '식사와 곁들여 먹는 빵'이라는 표현을 쓰기로 한다. 빵은 보통 본식이 끝난 후, 후식을 먹기 전 치운다.

그라니타 디 카페
타짜도로

ⓘ 업체 정보	Tazza D'Oro Coffé	
◯ 업체 위치	Via degli Orfani, 84, 00186 Roma	
⌄ 영업시간	월-토 07:00~20:00, 일 10:30~19:30	
€ 가격	그라니타 디 카페 콘 파나 3유로	
☺ 작가의 말	무더운 여름엔 그라니타 디 카페 한잔이 진정한 별미!	

1946년에 문을 연 〈타짜도로〉는 판테온 앞에 위치해 있으며 '그라니타 디 카페'가 맛있기로 유명하다. 그라니타는 이탈리아 남부 시칠리아에서 유래된 디저트의 일종으로 셔벗 혹은 소르베 등과 유사한 형태이나 그보다 조금 덜 달고 입자가 거칠다. 그라니타 디 카페는 그중 커피를 넣어서 만든 것이다. 여기에 생크림을 얹으면 '그라니타 디 카페 콘 파나'가 된다. 커피를 얼음과 함께 그냥 갈아버린 스타벅스의 프라푸치노 류에 익숙한 사람이라면 얼른 이것을 맛보도록 하자. 이름을 다르게 해본다고 어떤 커피숍에선 '그라니타'라고 이름 붙였던데, 이름만 같고 형태나 맛은 전혀 다르니, 의심하지 말고 얼른 〈타짜도르〉에서 맛보길. 이걸 맛보고 나면 한국에서 파는 그라니타는 영영 입에 대기 싫을지도 모른다.

단언컨대 세계 최고의 에스프레소
산 에우스타키오 일 카페

ⓘ 업체 정보	Sant' Eustachio II Caffè	
◯ 업체 위치	Piazza di Sant'Eustachio, 82, 00186 Roma	
ⓧ 영업시간	일–목 08:00~01:00, 금 08:00~01:30, 토 08:00~02:00	
€ 가격	에스프레소 1.2유로	
☺ 작가의 말	세계 어디서도 이런 에스프레소는 절대 접하지 못할 거야.	

1938년에 문을 연 〈산 에우스타키오 일 카페〉는 1999년에 라이문도와 로베르토 리찌 형제가 인수하면서 전 세계에서 최고로 꼽히는 생두들만을 골라 자신들만의 방법으로 로스팅하고 블렌딩하여 맛있는 커피를 내놓기로 유명하다.

『뉴욕타임스』기자였던 윌리엄 그라임스는 "진짜 에스프레소를 먹고 싶다면, 로마로 가는 비행기 티켓을 사고 택시를 타서는 '곧장 〈에우스타

키오 일 카페〉로 가달라'고 말해라. 그곳의 에스프레소는 완벽하다. 조금 비싸긴 해도 충분히 그럴 가치가 있다"라고 극찬했다.

판테온 인근의 이 카페에 들어서자마자 신선한 커피 향이 진동했다. 에스프레소에서 유심히 살펴보아야 할 것 중에 하나는 바로 크레마 층이다. 크레마 층이 두꺼울수록 커피의 아로마를 그 안에 더 가둬둘 수 있고 따라서 커피의 맛과 향이 풍부해진다. 두께를 확인해보고자 주문한 에스프레소의 크레마 층을 살짝 떠보았다. 그러곤 정말 깜짝 놀랐다. 바리스타로 일하면서 수많은 커피를 접해봤지만 이렇게 크레마 층이 두꺼운 에스프레소는 본 적이 없었다. 커피의 절반이 크레마였다고 해도 과언이 아닐 정도였다. 실제로 이곳은 다른 커피 전문점보다 몇 배는 많은 크레마를 추출해내는 것으로 유명하다.

에스프레소를 한 모금 들이켜자 입안에서 아주 깊은 커피의 풍미가 확 퍼져나갔다. 호들갑을 떨고 싶진 않지만 태어나서 마셔본 것 중 단연코 최고였다. 아마 나는 흉내도 내지 못할 것 같다. 아, 이래서 윌리엄 그라임스가 그토록 극찬했구나. 밸런스도 어찌나 훌륭한지 어느 것 하나 흠잡을 데가 없었다.

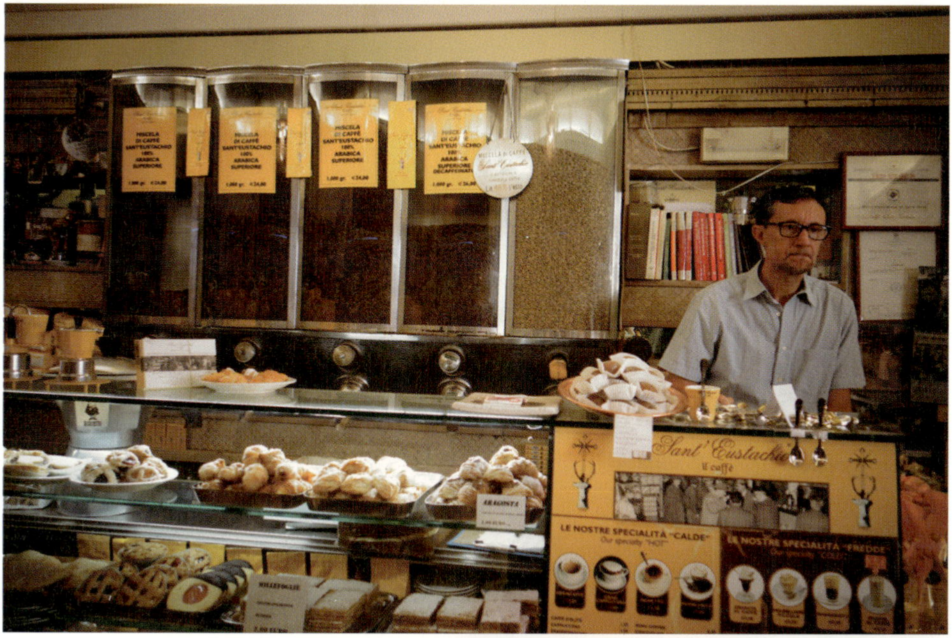
MISCELA
DI CAFFÈ
SANT'EUSTACHIO
100%
ARABICA
SUPERIORE
Sant' Eustachio
il caffè
LE NOSTRE SPECIALITÀ "CALDE"
LE NOSTRE SPECIALITÀ "FREDDE"

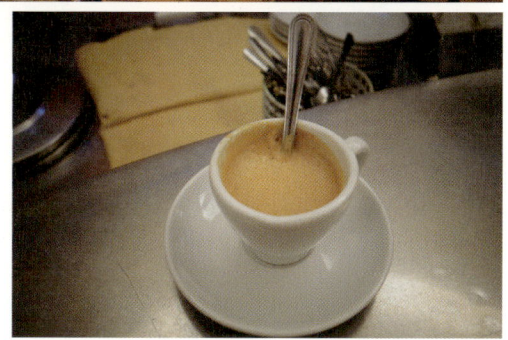

줄리아 로버츠가 먹었던 젤라토
산 크리스피노

ⓘ **업체 정보**	Il Gelato Di San Crispino
📍 **업체 위치**	Via della Panetteria, 42, 00187 Roma
⏰ **영업시간**	일-목 11:00~00:30, 금-토 11:00~01:30
€ **가격**	2.7유로(1스쿱), 3.5유로(2스쿱)
☺ **작가의 말**	영화 〈먹고, 기도하고, 사랑하라〉의 작가가 실제로 숱하게 먹어보고 골랐다.

영화 〈먹고, 기도하고, 사랑하라〉에서 줄리아 로버츠가 먹은 젤라토로 유명해진 곳이 있다. 바로 〈산 크리스피노〉. 역사가 오래되진 않았지만 최상의 원재료 사용을 고집하고 화학 첨가물을 일절 배제하며 모든 유통 경로상의 철저한 온도 관리 등을 철칙으로 내세우는 로마 젤라토 계의 새로운 강자다.

날이 더워 상큼한 과일류를 골랐다. 레몬과 멜론맛을 주문하고, 받아든 젤라토를 한입 뜬 순간! 아 이럴 수가. 정말 맛있다! 재료로 쓰인 두 과일이 입안에서 그대로 살아 춤을 추는 것 같은 착각마저 들었다.

〈산 크리스피노〉는 이곳을 포함해 로마에 총 5개의 지점을 두고 있다. 영업시간은 지점마다 차이가 있으니 다른 지점을 방문할 때는 영업시간을 확인해야 한다.

▼ **잠깐! 젤라토는 아이스크림이랑 어떻게 다른가요?**

국내에도 이제 젤라토 가게들이 종종 생겨났지만 아직도 많은 사람들이 아이스크림을 이탈리아에서 젤라토라고 부른다고 잘못 알고 있는 듯하다.
이 둘은 엄연히 다른 존재로 크게 지방, 당도 그리고 공기 함유량이 다르다. 젤라토의 지방 함유량은 5% 내외인 반면 베스킨라빈스로 대표되는 미국식 아이스크림의 지방 함유량은 10% 이상이다. 당도 또한 젤라토는 10%대지만 아이스크림은 25% 이상이다. 이탈리아 사람들이 아이스크림보다 젤라토가 훨씬 건강한 것이라고 주장하는 데에는 나름의 근거가 있는 셈이다. 마지막으로 아이스크림은 80% 이상의 공기를 함유하고 있는 데 반해 젤라토는 30% 정도만을 함유하고 있어 훨씬 쫀득하다.

로마 미슐랭 1스타 레스토랑
메타모르포시

ⓘ 업체 정보	Metamorfosi restaurant
◯ 업체 위치	Via Giovanni Antonelli, 30/32, 00197 Roma
⊙ 영업시간	월-금 12:30~22:30(브레이크타임 14:30~20:00) 토 20:00~22:30, 일 휴무
◎ 예약 방법	이메일 예약 reservation@metamorfosiroma.it 전화 예약 +39 06 807 6839
€ 가격	코스 80유로, 와인 페어링 35유로
☹ 작가의 말	고급 요리에서 이탈리아 요리가 프랑스 요리처럼 화려하기는 힘든 걸까. 물론 내가 이탈리아 요리를 잘 이해하지 못해서일 수도 있지만.

요리란 대중 음식과 고급 음식, 전통 음식과 현대 음식 등으로 나뉘게 마련이므로 어느 한쪽에만 치중할 경우 자칫 편협한 시각을 가질 우려가 있다. 그래서 각 도시에서 전통 요리, 현대 요리를 고루 접해보고 최소 한 군데 이상은 고급 레스토랑을 가보려 했다. 그곳이 로마에서는 바로 카세레스 셰프의 〈메타모르포시〉였다. 감베로 로소에서 2014년에 떠오르는 곳(Gli Emergenti)이라며 86점을 주었고 2015년에는 로마 레스토랑들 중 4위를 차지했다. 또 미슐랭 가이드에선 별 하나를 주었으며 미식 투어 팀에서는 이탈리아 고급 요리를 접할 수 있는 곳이라고 추천했으니, 내가 기대한 바를 가장 잘 충족시켜줄 곳일 거라 생각했다.

깔끔한 외관부터 고급스러운 실내까지. 역시 잘 골랐다는 생각에 아주 들떴지만 그 생각은 그리 오래가지 못했다. 큰 기대를 품고 인당 80유로의 코스 요리와 35유로의 와인 페어링 그리고 18유로의 식전 샴페인과 4유로의 탄산수까지 주문해가며 로마의 대정찬을 기쁘게 맞이할 만반의 준비를 다했으나 기대보단 많이 아쉬웠다.

조금 엉성한 듯한 구성과 요리와 겉도는 와인 페어링, 중복되는 맛과 배열 순서, 이베리코 돼지라기엔 다소 질겼던 메인 요리 등 이탈리아 요리는 이런 고급스런 파인 다이닝과는 잘 맞지 않는 걸까 하는 의문을 남겨야 했다.

1. 이탈리아어로 마녀라는 뜻을 지닌 스트레가. 바삭한 식감에 고소하고 짭짤한 맛!

2. 이탈리아 탄산수, 발베르데

3. 프랑스 샹파뉴 지역에서 샤르도네 품종으로 생산된 AOC 등급의 샴페인

4. 크로켓

5. 광어 카르파치오*

6. 미니 당근

7. 이탈리아 시칠리아에서 생산된 IGT 등급의 화이트 와인

8. 코스로 들어가기 전 입안을 헹군 상큼한 과일들

9. 아보카도를 곁들인 새우 카르파치오

10. 식사와 곁들여 먹는 빵과 버터

11. 밤, 올리브 등으로 만든 세 가지 맛의 빵

12. 이탈리아 피에몬테 지역에서 티모라소 품종으로 생산된 DOC 등급의 화이트 와인

13. 65도에서 조리한 카르보나라 달걀

14. 카르보나라에 찍어 먹도록 준 것, 익숙한 국산 과자 맛이 났다

15. 홍합 가루와 바다 향을 머금은 스파게티. 알 덴테*를 제대로 보여주었다

16. 이탈리아 우디네 지역에서 메를롯 품종으로 생산된 DOC 등급의 레드 와인

17. 자두와 매운 고추의 처트니*를 곁들인 이베리코 돼지* 구이와 감자 그리고 구운 해초

18. 화이트 초콜릿

19. 딸기와 아몬드를 곁들인, 염소젖으로 만든 리코타 치즈

20. 초콜릿, 젤리, 쿠키로 구성된 프티 푸르

- 카르파치오 : 익히지 않은 재료를 종잇장처럼 얇게 썰어 그 위에 소스를 뿌려 먹는 음식
- 알 덴테 : al dente, 알 덴테는 치아에 부딪히는 정도를 뜻하며 스파게티 면을 삶을 때 안쪽에서 단단함이 살짝 느껴질 정도로 조리한 것(씹는 식감을 중요시하는 이탈리아 사람들은 파스타를 이렇게 만든다. 반면 우리나라 사람들은 소스를 중요시해 알 덴테로 조리된 스파게티를 맛보고 나면 흔히들 덜 익었다며 주방으로 돌려보내곤 한다.)
- 처트니 : 과일, 설탕, 향신료에 식초를 더해 만드는 걸쭉한 소스
- 이베리코 돼지 : 스페인 이베리아 지역에서 키우는 돼지로, 그 맛이 뛰어나기로 유명하다

DAY 02 토스카나 투어

유로 자전거나라

ⓘ **업체 정보**	유로 자전거나라	
ⓥ **투어시간**	07:00 로마 출발~20:00 로마 도착	
ⓞ **예약 방법**	온라인 예약 http://eurobike.kr	
€ **가격**	2만 원 + 50유로	
☺ **작가의 말**	요리와 와인에 관심이 많은 가이드를 만난 덕에 '먹어서 힐링'했다.	

이탈리아 와인의 본고장 토스카나에 대한 이야기는 숱하게 들어왔다. 진짜 요리와 와인을 맛볼 수 있다고 호사가들이 입이 닳고 닳도록 예찬했으니까. 원래는 자유 일정으로 가보고 싶었으나 대중교통으로는 접근하기 힘든 지역인 탓에 여행사의 힘을 빌렸다.

유로 자전거나라의 토스카나 투어는 발 도르차 전망대를 지나 반뇨 비뇨니, 몬탈치노의 와이너리를 거쳐 피엔차를 돌아보는 일정으로 구성되었다. 이탈리아 와인을 맛보겠다는 목적에 맞게 이 투어에는 몬탈치노의 와이너리를 구경하는 코스가 들어 있었고 특히 요리에 관심이 많은 가이드를 만나 토스카나 지방의 지역색이 담긴 맛있는 요리를 다양하게 맛볼 수 있어 좋았다.

라 테라차

ⓘ 업체 정보		La Terrazza
📍 업체 위치		Piazza delle Sorgenti, 13 53027, Bagno Vignoni
🕐 영업시간		월–일 12:30~21:00(브레이크타임 14:30~17:30)
€ 가격		브루스케타 5유로, 스파클링 와인 3.5유로, 젤라토 1.5유로
☺ 작가의 말		뭐랄까. 시골에 가면 할머니가 해주는 진짜 음식 같은 느낌!

간단히 요기할 생각으로 1977년에 문을 연 마을의 한 작은 식당에 들어섰다. 납작하게 잘라 구운 빵 위에 마늘, 올리브 오일, 소금 및 각종 재료를 얹어 먹는 브루스케타라는 요리와 스파클링 와인인 프로세코 한 잔을 청했는데 재료가 어찌나 신선하고 좋은지, 토마토와 올리브 오일이 입안에서 자연 그 자체로 살아 움직였다.

'아르티지아날레(artigianale, 직접 만든)'라고 쓰여 있는 젤라토도 하나 시켜보았는데, 와우! 이탈리아의 진짜 맛집들은 다 시골에 숨어 있나보지?

로마

바르비 와이너리

① 업체 정보	Fattoria dei Barbi
○ 업체 위치	Loc. Podernovi, 170, 53024 Montalcino
☺ 작가의 말	이곳의 BDM DOCG 2007 Riserva에 저명한 와인 평론가 로버트 파커가 93점을, 권위 있는 와인 평가서인 『와인 스펙테이터』에서는 92점을 부여하였다.

토스카나 지역에서는 주로 산지오베제 품종의 포도를 기르는데, 이 포도로 만든 와인이 지역에 따라 키안티에서 만들어지면 '키안티 클라시코', 몬탈치노에서 만들어지면 '브루넬로 디 몬탈치노', 몬테풀치아노에서 만들어지면 '비노 노빌레 디 몬테풀치아노'가 된다.

우리 투어 팀은 그중 몬탈치노로 향했고 그곳의 수많은 와이너리들 중 바르비 와이너리를 택했다. 이들은 더 맛있는 와인을 만들기 위해 의도적으로 토양에 석회질을 뿌려 땅을 더욱 척박하게 만들었다고 한다. 포도들은 살아남기 위해 억척스럽게 뿌리를 깊이 내리게 되는데, 그중에서 유독 상태가 좋은 것들만을 골라내고 그 외의 포도들은 가지를 쳐 내줌으로써 선택된 포도들에 영양분을 몰아주어 더욱 응축된 맛을 뽑아낸단다. 그야말로 와인은 반은 신이 만들고 반은 인간이 만드는 셈이다. 투어 후 이곳에서 생산된 두 종류의 와인을 맛보았다. 하나는 일반적인 브루넬로 디 몬탈치노(Brunello Di Montalcino, BDM), 다른 하나는 더 엄선된 포도들을 이용해서 더 오랜 숙성 기간을 거쳐 만드는 더 깊고 진한 풍미의 리제르바 등급의 BDM이었다. (이외에 1년 정도의 짧은 숙성 기간만을 거치는 가벼운 맛이 특징인 로소 등급의 BDM도 있다.) 이탈리아 와인은 프랑스 와인에 비해 자주 접하지 못했는데, 후추처럼 톡 쏘는 강하고 매운 맛이 독특하면서 매력 있었다.

레 디 마키아

ⓘ	업체 정보	Re Di Macchia
◯	업체 위치	Via Soccorso Saloni, 21, 53024 Montalcino
⌄	영업시간	월-일 12:00~23:00(브레이크타임 15:00~18:00)
€	가격	전식 9유로, 파스타 10유로대, 스테이크 16유로
☺	작가의 말	'진짜' 이탈리아 음식이란 이런 거야.

이탈리아 사람들한테 싸고 맛있는 식당이 어디 있냐고 물으면 그들은 이렇게 답한다. "싸고 맛있을 순 없어. 비쌀수록 좋은 식재료를 쓰고 그래야 맛있는 거지." 정말이지 우문현답이다.

몬탈치노 시내로 들어와 동네에서 맛집으로 유명하다는 〈레 디 마키아〉에서 식사를 했는데, 가게 분위기가 토박이들이 많이 찾을 것 같더라니 이내 나온 음식들은 진짜 이탈리아 음식이란 이런 거라고 말해주는 듯했다. 토스카나는 알아가면 알아갈수록 어마어마하다.

1. 식사와 곁들여 먹는 빵

2. 토스카나 사람들이 흔히 먹는 모둠 전채 요리. 닭간 파테, 살라미, 프로슈토 등

3. 포르치니 버섯을 올린 라자냐

4. 야생 멧돼지 라구* 소스를 곁들인 핀치 생면 파스타

5. 루콜라와 그라나 파다나 치즈를 곁들인 슬라이스한 탈리아타 스테이크

6. 카치오 에 페페*

7. IGT 등급의 가벼운 로소 디 몬탈치노 레드 와인

- 라구 : 고기나 채소 등을 넣고 약한 불에서 오랫동안 끓이는 스튜를 말한다
- 카치오 에 페페 : 양젖의 페코리노 치즈와 후추로 맛을 낸 파스타

에노테카 디 피아차 몬탈치노

업체 정보	Enoteca di Piazza Montalcino
업체 위치	Via Giacomo Matteotti, 43, 53024 Montalcino
영업시간	월-일 09:00~17:00
작가의 말	확실히 산지라 저렴하긴 했다. 좀 사올걸 그랬나?

이 와인 테이스팅 가게는 카드 한 장을 받아들고 100여 가지의 와인들 중 원하는 것에 카드를 갖다대면 한 잔씩 와인이 나오는 시스템을 갖췄다. 맛볼 만큼 맛본 후에 계산대에 그 카드를 가져가서 마신 만큼 지불하면 된다. 저렴한 와인부터 고급 와인까지 종류가 아주 다양하게 구비되어 있어 가격대별로 골고루 맛을 볼 수 있다.

특히나 병으로는 너무 비싸 엄두도 못 내던 것들을 맛을 볼 수 있는 게 정말 좋은데, 가랑비에 옷 젖는 줄 모른다고 그렇게 조금씩 맛을 보다보니 나중엔 좀 취한 것처럼 얼굴이 빨개지기도 했다.

와이낫?

ⓘ 업체 정보	Gelateria Artiginale e Yogurteria WHY NOT?
◉ 업체 위치	Costa Garibaldi, 7, 53024 Montalcino
ⓥ 영업시간	월–일 08:00~23:45
€ 가격	1–2유로
☺ 작가의 말	몬탈치노에서 젤라토를 먹는다면 이곳으로. 와이낫?

나는 술이 좀 들어갔다 싶으면 아이스크림을 먹는 버릇이 있다. 차고 단 것이 입에 들어가면 정신도 조금 차려지는 것 같고 기분도 좋아진다. 2001년에 안드레아 플라티니가 문을 열었다는 이곳은 매일 아침 신선한 우유와 과일을 들여와 직접 젤라토를 만든다. 맛있는 젤라토는 이것저것 쓸데없는 것들이 들어갈 필요 없이 그저 신선한 재료들로 정직하게만 만들면 그걸로 더할 나위 없다는 것을 강하게 실감할 수 있었다. 혹여 노파심에 하는 말인데, 로마 3대 젤라토 같은 건 제발 믿지 말자. 이탈리아엔 맛있는 젤라토가 넘쳐난다.

토스카나 지방의 작은 마을
피엔차

인구 2,000명의 소도시 피엔차로 향했다. 15세기 중엽, 교황 피우스 2세가 자신의 고향 근처에 새로 만든 이 도시는 계획도시답게 구획이 아주 직관적으로 잘 나뉘어 있어 길을 헤매는 것이 더 어려워 보인다.

이 도시는 양젖으로 만든 치즈인 페코리노 치즈와 저온 건조한 소시지인 살라미 등의 육가공품들이 유명하다. 살라미는 쇠고기와 돼지고기의 등심살에 돼지기름을 넣고 소금과 향신료로 간을 맞춘 후 럼을 가하고 건조하여 만든다.

여러 가게를 들르던 중 한 가게에서 송로버섯(이탈리아어로는 타르투포 tartufo. 불어로는 트뤼프truffe, 영어로는 트러플truffle)이 들어 있는 치즈가 있어 부탁해 한 점 맛보았다. 그러나 송로버섯 향이 너무 강해 치즈

향은 거의 느껴지지 않았다. 〈마스터셰프〉 미국 편에서 고든 램지를 비롯한 심사위원들이 한 도전자가 트러플 오일을 쓰자 그 향 때문에 재료 본연의 맛을 느낄 수 없다며 혹평한 적이 있는데 직접 맛을 보고서야 왜 그랬는지 이해가 갔다. 비싼 재료를 쓴다고 해서 항상 옳은 건 아닌가보다.
치즈는 숙성된 치즈인 스타지오나토(stagionato)와 생치즈인 프레스코(Fresco), 그리고 둘의 중간쯤인 세미스타지오나토(semistagionato)로 나뉜다. 그러므로 치즈를 고를 때 쿰쿰한 향이 나도 깊은 맛을 느끼려면 스타지오나토를, 부드러운 맛과 향을 느끼고 싶다면 프레스코를, 그리고 그 중간 즈음이 좋다면 세미스타지오나토를 선택하면 된다.

젊은 셰프의 감각 있는 요리
마르차파네

ⓘ 업체 정보	Marzapane
◯ 업체 위치	Via Velletri, 39, 00198 Roma
ⓥ 영업시간	월-토 13:00~23:00(브레이크타임 15:00~20:00), 일 13:00~15:00
ⓜ 예약 방법	온라인 예약 http://www.marzapaneroma.com 이메일 예약 info@marzapaneroma.com 전화 예약 +39 06 6478 1692
€ 가격	고기 코스 35유로, 생선 코스 55유로
☺ 작가의 말	로마의 다음 세대 요리의 현주소.

투어 후 다시 로마로 돌아온 저녁에는 〈마르차파네〉에 들렀다. 이곳은 로마의 유명 외과 의사 안젤로 파렐로와 저널리스트 마리오 삼손이 로마 미식세계를 한 차원 더 끌어올리겠다며 손을 잡고 문을 연 곳으로, 2014년 감베로 로소에서 '가격 대비 훌륭한 곳(Premio Quàlita-prezzo)'에 선정되었고 포크 2개를 받았으며 2015년에는 로마 레스토랑들 중 21위를 차지했다. 이곳의 셰프인 알바 에스테베 루이스는 스페인 출신의 1989년생의 젊은 여성 셰프로 〈엘 세예르 데 칸 로카〉(2015년 월드 베스트 레스토랑 어워드 1위) 등에서 경험을 쌓고 이탈리아로 건너온 상당한 실력자이다.

메뉴는 크게 2가지로 35유로짜리 고기 코스 요리와 55유로짜리 생선 코스 요리로 운영된다. 생선이 어떻게 고기보다 더 비싸냐고 의아해할지 모르지만, 우리나라와 달리 서양은 고기가 풍부해서 고깃값이 생선에 비해 더 저렴한 축이다.

2가지 종류의 코스를 모두 맛보고 싶었지만 한 테이블에서는 한 가지 코스만 선택이 가능하다고 하여 고민 끝에 고기 코스를 선택하였다. 이내 주어진 음식들은 이탈리아 전통 요리라기보다는 여러 색이 섞인 다국적 요리라고 봐야 할 것 같긴 하지만, 전반적으로 가격 대비 아주 만족스러웠다. 먹어보니 왜 감베로 로소가 그녀를 2014년의 셰프로 선정했는지 알 것 같았다.

딱히 고급 재료를 쓴 것도 아닌데도 맛을 내는 데에는 아주 탁월한 재능이 있어 보였고 특히 동서양의 재료를 넘나들면서도 밸런스를 기가 막히게 잡아냈다. 코스를 하나로 통일해야 해서 생선 요리를 먹어보지 못한 것은 조금 아쉽다. 다음에 들르면 얼마나 또 발전되어 있을까. 현재보다 미래가 더 궁금하다.

1. 이탈리아 탄산수 산 펠레그리노와 그리시니*

2. 이탈리아 리구리아 지역에서 생산된 DOC 등급의 레드 와인

3. 모차렐라 치즈와 프로슈토를 넣어 만든 크로켓

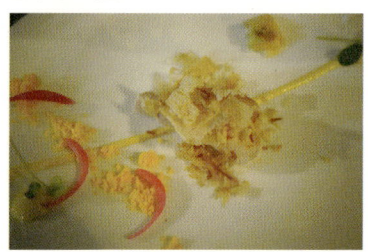

4. 가다랑어포를 올린 송아지 뒷다리

5. 생선 내장을 발효해서 만든 오일과 메추리알 그리고 튀긴 아티초크를 곁들인 토끼 룰라드*

6. 얇게 민 생 파스타를 모자 모양이 되도록 만든 카펠레티. '작은 모자'라는 뜻을 지녔다

7. 메를롯과 산지오베제 품종으로 만들어진 IGT 등급의 슈퍼 토스카나 레드 와인

8. 양배추와 고추장 소스를 곁들인 소고기 미트볼

9. 고추 잼과 치커리 그리고 치미추리*를 곁들인 양갈비 슈하스코*

10. 시나몬 크럼블을 곁들인 아이스크림

11. 유크림과 염소 치즈를 뿌린 땅콩과 밀크 초콜릿으로 만든 초콜릿 덩어리

12. 에스프레소 한 잔으로 깔끔하게 마무리

- 그리시니 : 밀가루에 물과 소금, 이스트를 함께 반죽하여 속이 거의 빈 형태로 빚은 뒤 가늘고 긴 연필 모양으로 구운 이탈리아 빵
- 룰라드 : 육류, 가공류, 생선류 등을 조리 과정에서 둥글게 말아 만든 요리
- 치미추리 : 각종 향신료를 섞어 만든 아르헨티나 소스
- 슈하스코 : 꼬챙이에 꽂아 숯불에 구운 브라질 전통 요리

자정에도 줄 서서 먹는 곳
젤라테리아 라 로마나

① 업체 정보	Gelateria La Romana
○ 업체 위치	Via XX Settembre, 60, 00184 Roma
⌄ 영업시간	월~목 11:00~00:00, 금~토 11:00~01:00
€ 가격	2유로
☺ 작가의 말	이곳에선 콘까지 맛있게 먹을 수 있다는 걸 알게 될 거야.

〈라 로마나〉는 이탈리아 리미니에서 1947년 문을 연 이래, 지속적으로 지점을 늘려와 현재는 이탈리아 전역에 지점을 두고 있다. 젤라토를 콘에 담기 전에 먼저 다크 초콜릿과 화이트 초콜릿 중에 하나를 콘 바닥부터 가득 채운 후 젤라토를 그 위에 올리고 마무리로 크림까지 얹어주는 점이 다른 가게와 다르다. 덕분에 맛있는 젤라토와 함께 초콜릿으로 가득찬 콘을 달달하게 먹을 수 있었다. 자정이 지난 시각이었지만 한참을 줄 서서 기다려야 할 정도로 인기가 많았다.

DAY 03 로마 미식 투어

이탈리아 푸드 투어

① 업체 정보	Eating Italy Food Tours	
ⓥ 투어시간	09:45~18:15 사이에 다양하게 운영, 투어당 4시간 정도 소요된다.	
ⓜ 예약 방법	온라인 예약 http://www.eatingitalyfoodtours.com	
€ 가격	어른 75유로, 학생 65유로, 아이 45유로	
☺ 작가의 말	높은 수준의 영어를 요구하진 않지만 어느 정도 영어로 의사소통이 되어야 더 재미있게 즐길 수 있다. 물론 가장 중요한 건 열린 마음과 당신의 미각!	

가축 도살장이 있던 로마의 테스타치오에는 도축 후 가축의 내장, 부속 고기 등을 내다 파는 상인들로 인해 자연스럽게 형성된 시장이 하나 있다. 바로 테스타치오 시장이다. 관광객들의 발길은 잘 닿지 않으며 현지인의 삶의 모습을 잘 보여주는 곳으로 꼽힌다. 그들의 삶에 좀더 깊숙이 들어가보고자 〈이탈리아 푸드 투어〉에서 진행하는 〈테이스트 오브 테스타치오〉 투어를 신청하였다.

이 업체는 필라델피아 출신의 케니 던에 의해 2011년 7월부터 시작되었고 현재는 로마에서 제일가는 미식 투어로 자리잡았다. 현재 테스타치오와 트라스테베레 이렇게 두 개 지역의 투어를 운영하고 있으며 관광객들이 좀처럼 접하기 힘든 진짜 현지 음식들을 맛볼 수 있게 해준다.

하루에 아홉 번, 주6일 투어를 운영하고 있으며, 현재까지 3만 명 이상이 이 투어를 경험했다고 한다. 미국, 캐나다, 호주, 영국 등에서 온 손님들이 주를 이루며 『USA투데이』, 『뉴욕타임스』, 『시드니 모닝 헤럴드』, 『론리플래닛』 등에 언급된 바 있다. 투어는 모두 영어로 진행된다.

진짜 티라미수의 맛
바르베리니

① 업체 정보	Barberini Caffetteria
○ 업체 위치	Via Marmorata, 43, 00153 Roma
◎ 영업시간	월-일 06:30~20:30
☺ 작가의 말	가이드는 코르네토가 크루아상보다 맛있다고 했지만 나는 동의할 수 없다!

처음 향한 곳은 1934년에 바르베리니 가족이 오픈한 베이커리 카페 〈바르베리니〉였다. 이탈리아에선 커피를 만드는 바리스타와 커피를 즐기는 사람들에게 규칙이 있다. 바리스타는 3.5g의 원두를 그라인더에 갈아 에스프레소 머신을 이용해 19~21초 사이에 샷을 뽑아내되 개인의 기호에 따라 에스프레소보다 샷을 길게 추출하는 룽고로 맞춰주기도 한다.

한편, 커피를 즐기는 사람은 오전엔 아침식사로 프랑스의 크루아상과 유사한 빵인 코르네토와 카푸치노를, 점심식사 후엔 에스프레소를 마신다. 따라서 점심 먹고 카푸치노를 마시는 건 굉장히 이상한 행위다. 배불리 먹은 후에 다시 우유가 들어간 커피를 마시면 배 속이 더부룩하고 소화에 도움도 안 되니까.

이탈리아를 대표하는 디저트 티라미수는 '나를 위로 끌어올리다'는 뜻의 tirare(끌어올리다), mi(나를), su(위로)의 합성어로 이름의 뜻에서부터 얼마나 맛있을지 짐작할 수 있다.

티라미수는 계란으로 만든 부드러운 쿠키인 사보이아르디를 에스프레소에 적신 후 마스카르포네 치즈와 에그커스터드, 초콜릿 파우더를 얹어 만든다. 한국에 널리 퍼진 공장제 티라미수는 수분기가 적은 편인데 반해 이곳의 티라미수는 갓 만들어 부드럽고 촉촉하며 깊고 진득한 풍미를 가지고 있다. 그래서 한입 베어먹는 순간 입안에서 녹아내리는 식감에 날아오를 듯 기분이 좋아진다.

미식의 도서관
볼페티

ⓘ **업체 정보**	Volpetti
📍 **업체 위치**	Via Marmorata, 47, 00153 Roma
ⓥ **영업시간**	월-토 오전 08:00~20:15(브레이크타임 14:00~17:00), 일 휴무
☺ **작가의 말**	처음 보는 식재료들에 넋을 잃을지 모르니 마음을 단단히 먹고 들어갈 것.

두번째 장소는 식료품점인 〈볼페티〉. 치즈, 프로슈토, 와인, 발사믹 식초, 캐비어, 송로버섯 등 다 열거하기도 힘들 만큼 다양하면서도 아주 수준 높은 퀄리티의 식료품들을 취급한다. 치즈는 무려 150가지, 살라미는 60가지, 발사믹은 5년에서 100년 숙성된 것까지 갖고 있다. 게다가 각종 조리된 음식들까지 판매한다. 그야말로 '미식의 도서관'이다.

돼지 다리를 염장하여 4개월 정도 두었다가 소금기를 제거한 후 다시 1~2년 정도 적당한 습도와 환기가 되는 곳에서 건조시킨 것을 프로슈토라고 하는데 이것과 흔히들 파르메산 치즈라고 부르는 파르미지아노 레지아노, 그리고 살라미를 맛보았다. 5년, 10년 숙성된 발사믹 식초와 청포도로 만든 단맛이 나는 화이트 와인인 피에몬테산 모스카토 등도 청했다. 송로버섯은 굉장히 고급 식재료라 접하기 힘들었는데 여기에선 너무 아무렇지 않게 쌓아놓고 팔고 있었다. 생전 듣도 보도 못한 치즈들도 정말 많이 있었다.

신기한 식재료들에 휘둥그레 커진 눈으로 맛을 봐도 되냐고 조심스레 물으면 볼페티 형제는 언제든지 넉넉한 웃음을 지으며 기꺼이 한 조각을 내어줄 것이다. 물론 너무 비싼 송로버섯 같은 것은 예외겠지만. 그렇다고 해서 너무 시식용 음식만 맛보고 나오지는 않는 게 좋겠다.

로마 10대 조각피자
볼페티 피우

① 업체 정보	Volpetti Più	
○ 업체 위치	Via Alessandro Volta, 8, 00153 Roma	
⊙ 영업시간	월-토 10:30~21:30(브레이크타임 15:30~17:30), 일 휴무 8월은 점심 영업만	
☺ 작가의 말	피자는 크게 나폴리식, 로마식, 뉴욕식 피자로 나뉜다. 우리가 흔히 접하는 뉴욕식 피자 말고 이탈리아에 가면 로마식과 나폴리식 피자를 맛보고 오자.	

〈볼페티〉는 인근에 〈볼페티 피우〉라는 피자집을 같이 운영하고 있다. 로마 연고의 유명 신문사인 『일 메사제로』에서 로마 10대 조각피자(사각 형태의 피자) 맛집으로 선정한 바 있다. 이곳에선 마르게리타 피자를 맛보았다. 마르게리타는 이탈리아 국기 색과 같은 빨간색의 토마토, 흰색의 모차렐라, 초록색의 바질잎을 사용한 이탈리아 대표 피자이다. 이름이 마르게리타인 이유는 어느 날 마르게리타 여왕이 한 피자를 맛보고 이게 무슨 피자냐고 물었을 때에 시종이 마르게리타 피자입니다 라고 센스 있게 답한 데서 유래되었다고 한다.

어릴 적 로마를 여행할 때, 늦은 밤에 아버지 손을 잡고 나보나 광장에 간 적이 있다. 잠결에 내가 칭얼거리자 아버지는 피자를 하나 사주셨는데 피자 모양이 네모나서 신기했던 기억이 난다. 그날의 피자를 여기서 다시 맛본다.

신시장과 고대 시장의 조화
테스타치오 시장

ⓘ 업체 정보	Mercato di Testaccio
ⓠ 업체 위치	Via Galvani	Via Alessandro Volta, 00153 Rome, Italy
ⓢ 영업시간	월-토 06:00~15:00, 일 휴무
ⓒ 작가의 말	로마 사람들이 집에서 무얼 해 먹는지 궁금하다면 얼른 엿보자.

가이드가 이탈리아의 최대 종교가 무엇인지 아느냐고 물었다. 다들 천주교라고 답하자, 가이드는 씽긋 웃으며 말했다. "축구입니다." 그리고 그녀가 가리킨 곳은 유명 축구 구단인 AS로마의 전 구장인 AS테스타치오였다. 이 외에도 고대 로마 성벽을 비롯하여 기원전 1세기경 지어졌다는 피라미드, 기독교인들의 무덤 등이 모두 이곳에 있었다. 이곳은 그런 동네다. 가이드북에는 거의 언급되지 않지만 오래도록 그 자리에 계속 있어왔던 곳. 이윽고 우리는 테스타치오 시장에 도착했다.

이 시장은 원래 인근의 테스타치오 광장에 있었고 테스타치오 시장이라고 불렸지만, 2012년 7월에 지금의 위치로 이전해오면서 테스타치오 신시장이라고 불린다. 원래는 훨씬 그전에 옮겨오려 했지만 새로이 이전하는 장소에서 고대 시장의 유물들이 계속해서 출토되어 몇 번이나 연기되었다고 한다. 그래서 이곳에서는 고대 시장의 흔적을 보존해놓은 것을 볼 수 있는데, 신시장에 고대 시장이라니, 실로 재미있는 조화다.

시장을 구경하던 중 가이드가 갑자기 브루스케타를 만들어 먹자며 시장에서 각종 재료들을 공수해왔다.

1. 구운 바게트를 올리고
2. 그 위에 올리브 오일을 뿌린 후
3. 마늘 조각을 마구 문지른다.
4. 소금으로 적당히 간을 한 후
5. 슬라이스한 토마토를 몇 조각 올리면

짜잔, 순식간에 브루스케타 완성!

백 퍼센트 물소젖으로 만든 치즈
모차렐라 디 부팔라

30년 넘게 치즈 가게를 해오고 있는 노부부 엔초와 리나. 라치오 남쪽 시골에서 매일 아침 여섯시에 배달 오는 100퍼센트 물소젖으로 만든 모차렐라 치즈를 파는데 그 맛이 아주 단단하면서도 풍부했다. 그들은 시중에 파는 다른 모차렐라 치즈들은 대개 물소젖과 소젖을 섞어서 만들기 때문에 질감이 스펀지 같다며 진짜 물소젖은 이렇게 단단하다고 강조했다.

시칠리아 디저트 가게
Dess' Art

① 업체 정보	Dess' Art	
○ 업체 위치	Via Beniamino Franklin, 12/c, 00153 Roma	
ⓥ 영업시간	월-토 08:00~14:00	
€ 가격	카놀리 1~2유로	
☺ 작가의 말	바삭하고 촉촉해서 자꾸만 손이 가는 이탈리아 디저트!	

시장에는 이탈리아 남부 시칠리아의 팔레르모에서 온 코스탄차가 운영하는 시칠리아 디저트 가게 〈Dess'Art〉도 있었다. 여기선 카놀리(cannoli)라는 디저트를 먹었는데, 속에 가득찬 부드러운 치즈와 바삭한 식감의 쿠키층이 만나 바사삭 소리를 내며 부서졌다가 이내 입안에서 몰캉해지는 그 느낌, 한번 맛보니 계속 손이 간다. 카놀리는 대롱 모양의 페이스트리 안에 거품을 낸 리코타 치즈를 가득 채워넣고 초콜릿 등을 뿌린 과자인데, 직접 맛보기 전에는 프랑스 디저트 까눌레(cannelé)와 발음이 유사해 헷갈렸다. 어휴, 완전 다른 거였어!

플라비오 셰프의 열정
플라비오 알 벨라베보데또

① **업체 정보**	Flavio al Velavevodetto
○ **업체 위치**	Via di Monte Testaccio, 97, 00153 Roma
⊙ **영업시간**	월–일 12:30~15:00, 19:30~23:30
€ **가격**	파스타 10유로 내외
☺ **작가의 말**	당신의 열정은 얼마나 뜨겁습니까?

로마식 점심을 먹으러 간 곳은 〈플라비오 알 벨라베보데또〉. 카치오 에 페페와, 카르보나라, 아마트리치아나 파스타 등 로마에서 맛보아야 할 파스타들과 이곳 소유의 몬테풀치아노 와이너리에서 생산된 테이블 와인 등으로 점심식사를 했다.

요리에 대한 열정으로 마흔다섯의 나이에 하던 일을 그만두고 요리를 시작했다는 플라비오 셰프의 스토리는 멋졌으나, 음식과 와인 모두 기대보단 아쉬웠다. 단체로 가 주문을 대량으로 해서였을까. 와인은 좋게 말하면 농장에서 갓 받은 맛이지만 실은 정제되지 않은 거칠고 떫은 맛이 많이 났고, 음식은 대량 주문이어서 그런지 면의 종류가 다양하지 않고 간이 착착 배지도 않았다. 평이 그럭저럭 괜찮은 걸 보니 투어가 아니었다면 더 맛있는 파스타를 먹었을지도 모르겠다.

프라이 전문점
트라피치노

- **업체 정보** Trapizzino
- **업체 위치** Via Giovanni Branca, 88, 00153 Roma
- **영업시간** 화-일 12:00~01:00, 월 휴무
- **작가의 말** 이탈리아 사람들도 길거리 음식을 먹는답니다.

식사를 마치고 한 프라이 전문점에 들렀다. 이곳은 대개 테이크아웃하여 길거리에서 먹는 음식을 판다. 나는 시칠리아 지방 전통 음식인 리소토를 둥글게 말아 속 재료를 넣고 튀긴 아란치니를 맛보았다. 어릴 적 엄마가 집에서 해주던 튀긴 주먹밥맛이 났다.

할아버지의 권유
지올리티

업체 정보	Giolitti
업체 위치	Via Amerigo Vespucci, 35, 00153 Roma
영업시간	월–일 07:00~02:00
작가의 말	판테온 인근의 지올리티와 같은 집안에서 운영하지만, 관광지가 아닌 덕에 그곳에서 느끼기 힘든 친절과 배려를 느낄 수 있다. 그래서 같은 지올리티지만 같은 지올리티가 아니다.

미식 투어의 마지막 코스로 젤라토집 〈지올리티〉에 갔다. 사실 며칠 전 시내에 있는 〈지올리티〉를 갔었는데, 사람이 너무 많아서였는지 좀 불친절한 느낌을 지울 수 없었다. 하지만 여기선 레몬과 멜론 젤라토를 먹겠다고 하니 산성이 강할 텐데 괜찮겠냐며 걱정해주기도 했다.

크림을 올려달라고 '콘 파나(Con Panna)!'라고 외치니 이 조합에 크림은 안 어울린다며 올려주지 않았다. 이런 고집 있는 모습이 오히려 더 좋게 느껴졌다. 사실 진짜 젤라토는 색이 진하진 않다. 천연 재료의 색은 밋밋하므로 색이 과한 것은 색소를 첨가한 것이 대부분이라고 보면 된다. 또한 모양도 단순하다. 아무리 쫀득한 식감을 지녔다고 해도 첨가제 없이 화려한 모양새를 갖추기는 힘들다. 그래서 오히려 컵 뚜껑을 덮어놓은 젤라토를 파는 곳이 더 믿을 만한 곳이라고 봐도 된다.

✔ 잠깐! 로마 3대 젤라토에 대한 항변

흔히들 로마를 여행할 때 로마 3대 젤라토를 맛보아야 한다고들 한다. 그러나 애석하게도 그 말은 한 블로거가 재미로 붙인 한 포스팅의 제목이었을 뿐이다. 그가 지목한 판테온 인근의 〈지올리티〉, 테르미니 역 근처의 〈파씨〉, 바티칸 앞의 〈올드브리지〉는 단지 그가 로마를 여행할 때 들른 관광지 앞 젤라토 가게였을 뿐, 어떠한 공신력도 없다. 그 스스로도 그 말이 그렇게까지 퍼질 줄은 몰랐다며 머쓱해하고 있으니 이제 그만 놓아주길. 참고로 〈파씨〉는 해태 제과에서 〈빨라쪼 델 프레도〉로 들여왔으며 2014년에는 완전 인수에 이르렀다. 〈올드브리지〉는 2015년 홍대 인근에 분점을 냈으니 궁금하다면 국내에서도 맛볼 수 있다.

위로의 와인 바
소르파소

ⓘ 업체 정보	Il Sorpasso	
◯ 업체 위치	Via Properzio, 31, 00193 Roma	
⌄ 영업시간	월–금 07:30~01:00, 토 09:00~01:00, 일 휴무	
€ 가격	칵테일 8유로	
☺ 작가의 말	곁에 두고 계속 가고 싶은, 힘들 때마다 찾아가 위로받고픈 그런 곳.	

바티칸을 갔다가 자꾸만 예정된 일정에 차질이 생겨 저녁식사 전에 일단 한잔 마셔야겠다는 생각에 인근의 〈소르파소〉로 향했다.

"값싼 와인을 마시기에 인생은 너무 짧다(Life is too short to drink cheap wine)"라는 재미있는 문구를 보고 와인을 마실까 싶었지만 메뉴판의 독특한 칵테일들이 흥미로워 칵테일을 주문해보았다. 갈증이 많이 난 탓이었을까. 맛이 몸에 쫙쫙 감기는 게 아주 일품이었다.

우리를 담당했던 종업원이 한국인을 좋아한다며 서비스로 안주를 내주

었는데, 이탈리아의 빵인 포카치아와 프로슈토, 치즈로 구성된 아주 이탈리아다운 안주들이었다. 대부분의 가게들이 프로슈토를 얇게 써는 것에 반해 이곳 프로슈토는 약간 깍둑썰기에 가까웠는데 그 씹는 맛이 아주 뛰어났다. 맛있는 칵테일과 안주를 먹으니 그보다 더한 위로는 세상 어디에도 없었다.

모던하게 재해석된 로마 요리
로미오

ⓘ 업체 정보	Romeo – Chef and Baker	
📍 업체 위치	Via Silla, 26/a, 00192 Roma	
⌄ 영업시간	월–일 9:00~00:00	
◎ 예약 방법	이메일 예약 info@romeo.roma.it 전화 예약 +39 06 3211 0120	
€ 가격	와인 10유로대, 요리 10~20유로, 디저트 8유로	
☺ 작가의 말	깔끔한 현대식 로마 요리가 궁금한가요? 비싸지 않아요. 겁내지 말아요.	

미슐랭 1스타인 〈글래스 오스타리아〉의 셰프 파비오 스파다와 크리스티나 보베르만이 다소 편안한 콘셉트로 차린 세컨 레스토랑 〈로미오〉는 바티칸 인근에 자리해 있다. 이곳은 2015년 감베로 로소에서 로마 레스토랑들 중 25위에 올랐다. 들어서자마자 압도적인 인테리어와 초입에는 음식에 쓰이는 재료들을 파는 식료품점이 있어 이곳이 보통 식당이 아님을 짐작케 했다. 자리에 앉아 메뉴를 쭉 살펴보는데 재밌게도 와인 리스트에 'EST! EST! EST!' 와인이 있었다.

1111년 신성로마제국의 헨리5세가 로마에 갈 때 와인에 조예가 깊은 요하네스 데 푸크 주교와 동행했다. 주교는 하인인 마르티노를 시켜 자신이 머물 마을의 와인들을 먼저 맛보고 맛있는 것에 'EST(여기)'라고 표시해놓으라고 지시했다. 하인은 한 여관에서 아주 맛있는 와인을 발견하게 되고 문에 EST를 3개나 써놓는다. 주교는 표시를 보고 곧장 그 여관으로 가 그 와인을 맛보고 그에 빠져 예정보다 길게 머물다 끝내 사망했다. 몬테피아스코네 마을에 있는 주교의 묘비엔 '너무 많은 EST로 인해 요하네스 데 푸크 주교 이곳에 잠들다'라고 쓰여 있다.

나 역시 'EST! EST! EST!'로 주문했다. 10유로대의 저렴한 와인이었지만 그 맛이 아주 상큼한 게 마음에 쏙 들었다.

요리들도 10~20유로대의 합리적인 가격인 것에 비해 흠잡을 데 없는 높은 수준을 자랑했다. 손이 많이 가는 요리들을 이런 가격대에 내놓다니, 가히 파격적이다. 단품으로 주문했음에도 추가 요금 없이 식전빵과 치즈, 식후의 한입 디저트들까지 제공되었는데 따로 돈 내고 먹었어도 손색이 없을 만큼 훌륭했다. 실력 있는 셰프들이 자신들의 요리를 더 많은 대중들에게 선보이기 위해 가격에 거품을 빼고 자신 있게 내놓았다는 느낌이 강했다. 로마의 레스토랑 중 가격 대비 만족도가 가장 높은 곳이었다.

1. 이탈리아 몬테피아스코네에서 생산된 DOP (=DOC) 등급의 화이트 와인

2. 식사와 곁들여 먹는 빵

3. 식전에 내어준 치즈

4. 베이컨을 곁들인 카르보나라

5. 새우, 마늘, 레몬을 곁들인 키타라

6. 새우 타르타르와 중동식의 으깬 병아리콩 후무스, 멕시코 샐러드 피코 데 가요

7. 소 육즙을 곁들인 송아지 포르케타*

8. 흰살 생선과 주키니 호박

9. 〈로미오〉에서 재해석한 스타일의 티라미수

10. 식후에 제공된 세 종류의 한입 크기 디저트들

• 포르케타 : 로마 요리로 원래는 돼지 살코기로 만드는 것이 정석

DAY 04 나폴리 당일치기 여행

이탈리아식 아침식사

나폴리 피자를 너무 먹어보고 싶어 당일치기로 나폴리에 다녀오기로 했다. 아침 7시 30분 기차를 타기 위해 새벽부터 일어나 준비해 서둘러 나왔다. 부슬부슬 내리는 비를 다 맞으며 급하게 뛰어가 도착한 기차역엔 내가 타야 할 기차가 보이지 않았다. 한 역무원에게 기차표를 보여주며 어디로 가야 하는지 물었더니 그녀는 단호히 이렇게 말했다.
"오늘 파업이야."

매표소로 갔지만 끝이 보이지 않는 줄에 황망해하다, 이렇게 기다릴 바에 아침이나 먹고 와야지 싶어졌다. 바에 서서 이탈리아 사람들처럼 코르네토와 카푸치노를 주문해 먹으니, 속이 든든해지며 마음도 평온해졌다. 다시 매표소로 갔을 때에도 줄은 여전히 길어 환불은 제쳐두고 일단 자동 매표기에서 가장 가까운 시간대의 표를 끊어 나폴리로 향했다. 일정이 틀어져 가려고 벼르던 유명한 피자집은 가지 못했지만 대신 골목길을 거닐던 중 한 사내가 피자 한 조각을 물고 나오는 모습을 보고 무작정 그곳으로 따라 들어가 나도 피자 한 조각을 집어들었다. 개당 0.7유로(약 1천 원)짜리 피자를 입에 물자 신선한 토마토 향이 입안을 가득 감싸며 토닥토닥 나를 달랜다.

나폴리 최고의 커피
감브리누스

ⓘ 업체 정보	Gambrinus	
◯ 업체 위치	Piazza Trieste E Trento, 80132 Napoli	
ⓥ 영업시간	토-수 07:00~01:00, 목-금 07:00~02:00	
€ 가격	2유로대	
☺ 작가의 말	로마의 〈산 에우스타키오 일 카페〉에 필적할 만큼 훌륭한 맛이었다.	

1890년 오픈한 이래 오스카 와일드, 헤밍웨이, 사르트르 등의 유명 인사들이 드나들던, 유럽 내에서도 최고로 꼽히는 문학 카페 중 하나인 〈감브리누스〉로 갔다. 에스프레소를 주문하자 백발의 종업원이 수동 머신(일반적인 카페는 반자동 머신을 사용하고 일부 바리스타가 없는 가게에선 자동 머신을 사용한다)으로 능숙하게 에스프레소를 추출하더니 이내 초콜릿을 하나 넣고 휘휘 저었다. 그러고는 크레마를 잔에 한 바퀴 두른 후 내어주며 윙크를 날려주었다. 커피는 정말 끝내주는 맛이었다. 커피에 무슨 짓을 한 거야?

나폴리 최고의 젤라토
판타지아 젤라티

ⓘ 업체 정보	Fantasia Gelati
◯ 업체 위치	Via Toledo, 381, Napoli
ⓥ 영업시간	월–일 07:00~01:00
€ 가격	2~4유로
☺ 작가의 말	가게 이름 그대로 정말 환상의 젤라토이다.

『론리플래닛』은 이곳을 이렇게 평했다. '그들은 스스로를 젤라토 마스터라고 부른다. 우리의 생각도 그러하다.' 그래서 그 맛이 무척 궁금했다. 1994년에 문을 연 이곳은 2007~2009년에 밀라노에서 열린 대회에서 골든콘을 수상하였고, 나폴리 시에서 '진짜 나폴리'로 선정하기도 했으니, 명실상부 나폴리 대표 젤라토집이라고 부르기에 손색이 없을 것 같다. 〈판타지아 젤라티〉는 지점이 여러 개 있으니 동선상 가까운 곳을 골라 가면 된다. 맛을 고르면 그들이 물어볼 것이다. "크림 올려줄까?"
"네, 크림 올려주세요(Si, Con Panna)!"

자꾸만 손이 가는 해산물 튀김
쿠오포

업체 정보	Il Cuoppo
업체 위치	Via San Biagio dei Librai, 23, 80138 Napoli
영업시간	일-금 10:00~21:00, 토 10:00~23:00
가격	해산물 튀김 5유로
작가의 말	한번 손대면 절대 멈출 수가 없다. 보기보다 양도 은근히 많다.

MBC에서 방영된 〈여행남녀〉 나폴리 편에서 배우 김보성이 '너무 맛있어서 먹느라 말할 틈이 없다'라고 한 곳이 있다. 바로 이 해산물 튀김집이다. 주문을 하면서 주인에게 그를 기억하느냐고 물었더니, 누구냐고 되묻는다. '의리!'라고 했더니 그제야 '아! 한국인 액션배우!'라며 기억해냈다. 짭조름한 튀김의 맛이 어찌나 좋던지. 일종의 길거리 음식임에도 재료의 질이 좋아서인지 해산물 본연의 맛이 그대로 살아 있어 그 맛이 아주 뛰어났다. 가려던 피자집은 결국 가지 못한 채 나폴리 여행을 마쳤지만 나는 이렇게 위안해본다.
나는 나폴리에 다시 오려고 그 유명한 피자집을 못 간 거야!

DAY 05 다시, 로마

파스타의 정답
펠리체

① 업체 정보	Felice a Testaccio
○ 업체 위치	Via Mastro Giorgio, 29, 00153 Roma
⊙ 영업시간	월–일 12:30~22:15(브레이크타임 15:00~19:15)
◎ 예약 방법	전화 예약 +39 06 574 6800
€ 가격	빵 2유로, 탄산수 2유로, 와인 18유로, 파스타 10~12유로, 주요리 18유로
☺ 작가의 말	로마에서 제대로 된 파스타를 먹고 싶다면 이곳이 정답.

로마에서의 마지막 식사로 고른 곳은 테스타치오에 위치한 〈펠리체〉. 2015 미슐랭 가이드에서 BIB를 받은 곳으로 1936년에 펠리체 트리벨로니가 오픈했다. 이곳은 요일마다 다른 요리를 내놓는 것이 특징인데 몇 가지 대표 메뉴들은 매일 주문이 가능하다.

가장 유명한 '즉석에서 비벼주는 카치오 에 페페' 외에도 이탈리아에서 한 번쯤은 '정말 전율이 일 만큼' 맛있는 카르보나라를 맛보고 싶어 카르보나라도 함께 주문했는데 다행히 정말 바로 내가 꿈꾸던 딱 그 맛이었다. 한 가지 재밌었던 일은 샐러드를 따로 주문하지 않았는데 그냥 나온 것이다. 주위를 둘러보니 거의 모든 테이블에서 이 샐러드를 먹길래 원래 주는 것인 줄 알고 먹었는데 알고 보니 실수로 나온 것이었다.

결국 샐러드값을 내게 됐지만 억울하기보다는 고마웠다. 안 먹었으면 섭섭했을 정도로 맛이 워낙 뛰어났으니까. 그나저나 이탈리아에선 카르보나라에 구안치알레*만 쓴다고 누가 그랬는데 막상 와서 먹어보니 의외로 베이컨도 잘만 쓰더라. 이곳은 두 가지를 반반 섞어 쓰고 있었다.

1. 식사와 곁들여 먹는 빵

2. 믹스샐러드 중 모차렐라

3. 믹스샐러드 중 프로슈토

4. 로마 인근의 네피에서 생산되는 탄산수

5. 이탈리아 라치오에서 생산되는 IGT 등급의 레드 와인

6. 탈리에레니 면의 카치오 에 페페

7. 주문하면 서버가 테이블로 직접 와서 파스타를 휘리릭 빠르게 비벼준다

8. 스파게티 면의 알리오 올리오 에 페페론치노

9. 스파게티 면의 계란과 치즈가 든 카르보나라

10. 감자를 곁들인 새끼 양 오븐 구이

• 구안치알레 : Guanciale, 돼지의 턱살이나 볼살을 소금, 설탕, 향신료로 절여두고 먹는 저장식품

피렌체

토스카나 요리의 진수
델 파졸리

① 업체 정보	Del Fagioli
○ 업체 위치	Corso dei Tintori, 47-r, 50122 Firenze
○ 영업시간	월-금 12:30~22:30(브레이크타임 14:30~19:30), 토·일 휴무
○ 예약 방법	전화 예약 +39 055 244285
€ 가격	파스타 10유로대 초반, 와인 20유로
☺ 작가의 말	피렌체를 떠올리면 가장 먼저 생각난다.

〈델 파졸리〉는 1966년에 문을 연 피렌체 전통 요리 음식점으로 2014 미슐랭 가이드에서 BIB에 선정되었다. 외관은 단출했으나 안에 들어가니 음식을 먹으려고 기다리는 줄이 엄청났다. 예약자 이름을 말하니 이내 자리로 안내해주었는데 줄 서 있던 사람들이 부러운 눈으로 바라봤다.

밖에서 보이는 것과 달리 안쪽은 생각보다 공간이 넓었고 모든 테이블엔 사람들이 자리해 아주 시끌벅적하고 떠들썩한 분위기를 자아냈다. 자리에 앉아 메뉴판을 보는데 휘갈겨 쓴 필기체 탓에 메뉴판이 아니라 완전히 암호판 같았다. 아무리 들여다봐도 뭐라고 쓰여 있는지 전혀 알아볼 수가 없어 해독을 포기하고 추천을 부탁했다. 그렇게 주문하여 나온 음식들은, 토스카나 투어 때 느꼈던 그 감동과 꼭 같았다. 피렌체는 과연 토스카나의 주도다웠다.

라구는 정말 오랜 시간을 들여야만 나오는 깊고 진한 맛을 보여주었고, 토르텔리는 리코타 치즈와 레몬으로 속이 가득차 있어 씹을 때마다 소가 입안에 차르르 퍼지는데, 진득한 치즈와 상큼한 레몬의 조화가 그야말로 일품이었다. 앞 테이블 외국인 커플도 파스타를 한입 물더니 이내 아주 행복한 표정으로 서로를 바라보았다.

1. 프랑스 빵과 달리 간이 전혀 되어 있지 않은 토스카나식 빵

2. 이탈리아 키안티에서 유기농으로 생산된 DOCG 등급의 레드 와인

3. 토마토를 올린 브루스케타

4. 라구 소스로 만든 펜네

5. 레몬과 리코타 치즈를 넣은 토르텔리

6. 토마토 소스를 곁들인 다진 소고기 튀김

7. 치즈 파이

젤라토의 정답
젤라테리아 데이 네리

ⓘ 업체 정보	Gelateria Dei Neri
◯ 업체 위치	Via dei Neri, 9/11, 50122 Firenze
⊙ 영업시간	월-일 09:00~00:00
€ 가격	1.8~6유로
☺ 작가의 말	'피렌체 토박이로서 장담하는데 여긴 피렌체 최고야'라고 가이드가 귀띔해주었다.

피렌체는 정말이지 첫눈에 반한 도시였다. 처음 도착해서 바라본 순간부터 느낌이 좋았고, 두오모가 보이는 집도 마음에 들었고, 꼼지락대다 갔던 첫 레스토랑도 꾸밀 필요가 없다는 듯 화장기 없는 얼굴로 맞이해주었고 맛 또한 아주 훌륭했다. 거기에 화룡정점을 찍는 일이 있었으니 그것이 바로 〈젤라테리아 데이 네리〉였다. 마침 〈델 파졸리〉 옆에 있어 식사를 마치고 가보았는데 로마에서 먹었던 젤라토와는 차원이 또 다른 훌륭한 맛이었다. 단것을 싫어하는 친구도 이런 젤라토라면 하루에 10번은 먹겠다고 할 정도였다. 이탈리아 어느 한 도시에서 꼭 살아야 한다면 나는 이 젤라토 때문에라도 이곳 피렌체를 선택할 것이다.

DAY 06 피렌체 미식 투어

테이스트 플로렌스 푸드 투어

ⓘ **업체 정보**	Taste Florence	
ⓜ **예약 방법**	온라인 예약 http://tasteflorence.com	
ⓢ **영업시간**	월-토 09:30~14:00	
€ **가격**	어른 89달러, 학생(12-17세) 75달러	
ⓒ **작가의 말**	피렌체의 맛있는 음식들을 쭉 훑어보고 싶다면.	

아침에 일어나 창문을 열면 펼쳐지는 잔잔한 피렌체의 풍경을 보고 있으면 마음이 평온해졌다. 피렌체는 그런 곳이었다. 모든 것이 멈추어 있고 느리게 흘러가는, 그래서 내가 살아온 도시와는 전혀 다른 곳. 나는 그 모습이 정말 좋았다.

피렌체의 맛을 한눈에 느껴보기 위해 푸드 투어를 하나 신청해두었다. 2008년 안토이네테 마찰리아에 의해 시작된 〈테이스트 플로렌스〉의 푸드 투어는 피렌체를 방문하는 사람들이 피렌체의 보물 같은 미식을 놓치지 않았으면 하는 마음에서 비롯되었다고 한다. 그녀는 잘 먹는 게 예술이라 믿는다고 하니 먹는 게 남는 거라는 내 주장과도 같다.

라 노르치네리아

- ⓘ **업체 정보** La Norcineria dei F.lli Bucchi
- 📍 **업체 위치** Via Sant'Antonino, 21, 50123 Firenze
- 🕐 **영업시간** 월-토 08:00~20:00, 일요일 및 공휴일 10:00~19:00
- 🙂 **작가의 말** 돼지 뒷다리 살이 다 거기서 거기일 거라고 생각하면 큰 오산!

투어는 〈라 노르치네리아〉라는 식료품점에서 시작되었다. 처음에 4개월 숙성한 페코리노 치즈와 14개월 숙성한 프로슈토를 주었기에 실망할 뻔 했다. 앞선 투어에서 맛본 거였으니까. 하지만 그것들과 조금 다른 점이 있었다. 프로슈토는 파르메산과 토스카나산 두 종류를 주어 비교해서 맛보게 했는데 무슨 차이가 있을까 싶었지만 막상 맛을 보니 정말 확연히 달랐다. 파르메산은 짠맛이 덜한 대신 부드럽고 단맛이 났고, 토스카나산은 짭조름하면서도 입에 감겼다. 실제로 파르메산은 소금 간을 덜 하고 토스카나산은 강한 소금 간에 후추까지 뿌린다고 한다. 그제야 로마에서 맛본 프로슈토들의 맛이 조금씩 다른 이유를 알았다. 단순히 썰기의 차이에서만이 아닌 애당초 종류가 달랐던 것이지 싶다. 생각해보니 우리나라의 김치도 지역마다 맛이 다르니 응당 프로슈토도 그럴 것이었다.

일 칸투치오

ⓘ 업체 정보	Il Cantuccio di San Lorenzo
◯ 업체 위치	Via Sant'Antonino, 23/r, 51023 Firenze
⌄ 영업시간	월-토 08:30~19:30, 일 10:00~18:00
☺ 작가의 말	바삭한 식감과 고소한 맛에 매료되어 자꾸만 손이 가게 될지도.

제과점 〈일 칸투치오〉는 1950년에 문을 열었고 현재는 창업자의 조카딸이 운영을 맡고 있다. 이곳에선 일반 비스코티와 초콜릿이 든 비스코티를 맛보았다. '비스코티(biscotti)'는 두 번 굽는다는 뜻으로 원래는 하루 지난 빵을 한 번 더 구워 보관시간을 늘리는 것이 목적이었다. 영국에서는 '비스킷(biscuit)'이라고 부르니 그 용어가 더 익숙할 것이다. 일반적으로 이탈리아에서 비스코티는 식후에 커피나 차와 함께 먹는 것으로 아침에는 잘 먹지 않는다. 다만 초콜릿이 들어간 비스코티는 그 단맛 덕에 아침식사 대용으로 먹기도 한다.

포르노 카나파

- **업체 정보** Forno Canapa di Bruschi Ivana
- **업체 위치** Via dell'Ariento, 21/r, 50123 Firenze
- **영업시간** 월-토 08:00~20:00, 일 휴무
- **작가의 말** 피렌체 식당들도 이곳 빵을 받아 쓴다. 먹어보면 절로 고개가 끄덕여진다.

토스카나 사람들은 아침식사로 빵이나 샌드위치를 많이 먹는다. 토스카나 빵은 프랑스 빵과 확연히 다른 점이 있는데, 바로 소금을 쓰지 않는다는 점이다. 과거에 소금이 귀했기 때문인데, 그래서 프랑스 빵에 익숙한 사람이 토스카나 빵을 처음 맛보면 다소 밋밋하다고 느낄 것이다. 하지만 장점이 있다. 바로, 샌드위치를 만들어 먹거나 음식과 곁들여 먹을 때 재료 본연의 맛에 더 집중할 수 있다는 것. 이곳에선 롬바르디아 지방에서 생산되는 소젖 치즈인 스트라키노와 토마토가 들어간 것을 맛보았는데, 신선한 치즈와 토마토의 맛이 한껏 느껴졌다. 곱창 버거로 유명한 〈다 네르보네〉도 빵은 이곳에서 받아 쓸 정도로 맛과 질이 훌륭하기로 유명하다. 참고로 이곳에선 피자류를 제외하고는 무게를 재어 100g당 가격을 부과한다.

피렌체 중앙시장

ⓘ 업체 정보	Mercato Centrale
◯ 업체 위치	Via dell'Ariento, 50123 Florenze
⊙ 영업시간	월–일 10:00~00:00
☺ 작가의 말	피렌체 셰프들도 장 보는 곳이니, 무슨 설명이 더 필요할까.

피렌체에서 가장 기대했던 곳이 바로 피렌체 중앙시장. 1874년에 오픈하여 2014년에 무려 140주년이 된 아주 역사가 깊은 곳이다. 특이하게도 이곳엔 일본인 직원들이 많았다. 물어보니 영화 〈냉정과 열정 사이〉 덕에 일본인 관광객들이 많이 찾기 때문이란다. 신선한 식재료들을 파는 곳이 많아 보고만 있어도 직접 요리해보고픈 충동을 느끼게 했다. 2층에는 식자재 전문점인 〈잇탤리〉와 요리 학교 〈로렌초 데 메디치〉도 있다.

다 네르보네

① 업체 정보	Da Nerbone
업체 위치	Piazza del Mercato Centrale, 12-red, 50123 Firenze
€ 가격	파니노 콘 일 람프레도토 3.5유로
작가의 말	이탈리아 사람들도 곱창을 먹는다.

곱창 버거로 한국인들 사이에 널리 알려진 〈다 네르보네〉는 1872년에 문을 연 곳으로, 처음에는 시장 밖에 있었지만 1874년에 시장이 생기면서 시장 안으로 들어왔다.

흔히들 곱창 버거라 부르는 것은 '파니노 콘 일 람프레도토(Panino con il Lampredotto)'로 어린 송아지의 위와 창자를 오랫동안 끓인 것으로 쫄깃한 맛이 일품이다. 또한 수육 버거라 불리는 '파니노 콘 볼리토(Panino con bollito)'도 어쩐지 익숙한 맛이 연상되는 게 왜 한국인들이 좋아하는지 알 수 있었다. 두 가지 소스로 살사 베르데(파슬리 등으로 만드는 그린 소스)와 살사 피칸테(매운 고추로 양념한 소스)가 제공되는데 후자는 맛이 상당히 매웠다.

파스티체리아 시에니

① 업체 정보	Pasticceria Sieni Srl	
⦿ 업체 위치	Via dell'Ariento, 29, Firenze	
⊙ 영업시간	월-일 07:30~19:30	
€ 가격	페이스트리 1~2유로	
☺ 작가의 말	이런 스포리아류는 카푸치노와 환상적인 궁합을 자랑한다.	

카페 〈파스티체리아 시에니〉는 1909년에 문을 연 백 년이 훌쩍 넘은 역사 깊은 곳으로 이탈리아 페이스트리 역사에서 빼놓을 수 없는 가게이다. 이곳에선 '페이스트리 크림을 채운 스포리아(sfoglia alla crema)'를 맛보았다. 처음 받아들었을 때는 그냥 빵이겠거니 했는데, 한입 베어 무는 순간, 달걀과 녹말로 되직하게 만든 커스터드 소스인 페이스트리 크림이 쫘악 퍼지면서 입안 전체를 가득 채웠다. 그때의 그 달달함과 만족감과 행복감은 이루 말할 수가 없다.

에노테카 알레시

- ⓘ 업체 정보 Enoteca Alessi
- 업체 위치 Via delle Oche, 27R–31R, Firenze
- 영업시간 월–토 11:00~19:00, 일 휴무
- 작가의 말 왜 토스카나 와인이 유명한지는 이곳에 들어가보면 알게 될 것.

'에노테카'는 와인 컬렉션이란 뜻으로 엄밀히는 질 좋고 가치 있는 와인들을 모아두는 곳을 뜻하나 흔히들 와인숍으로 해석한다. 하지만 조금 더 고차원적인 것으로 보는 것이 맞다.

피렌체의 〈에노테카 알레시〉는 1952년에 오픈한 이래 계속 알레시 가문이 운영하고 있다. 이곳에서는 2500여 종의 토스카나 와인을 보유하고 있어 그 가치를 인정받아 피렌체의 역사적인 장소로 지정될 정도로 그 명성이 자자하다.

지하에는 정말 입이 딱 벌어질 정도의 와인 컬렉션이 있었다.

처음엔 5가지의 발사믹 식초를 화이트 발사믹 식초, 바닐라빈을 넣은 화이트 발사믹 식초, 5년 숙성한 발사믹 식초, 10년 숙성한 발사믹 식초, 12년 숙성한 발사믹 식초 순으로 맛보았다. 오래 숙성될수록 그 맛과 향이 강해지고 점성도 강해지는 것은 알고 있었으나 이렇게 5가지나 비교해가며 맛을 보니 개성의 차이가 두드러졌다. 와인 또한 토스카나 볼게리와 키안티 클라시코 그리고 프랑스식 양조법을 도입하여 만든 슈퍼 토스카나를 고루 맛보았더니 같은 토스카나 지방이어도 각 마을마다 혹은 그 양조법마다 각각의 맛이 달라지는 것을 알 수 있었다.

이곳 사람들은 비싼 와인은 대개 수출하고, 저렴한 와인들은 아주 어릴 적부터 마신다고 한다. 우리나라 사람들이 와인을 어려워하는 것은 어쩌면 너무 비싼 것들만 수입되어서인 것은 아닐까.

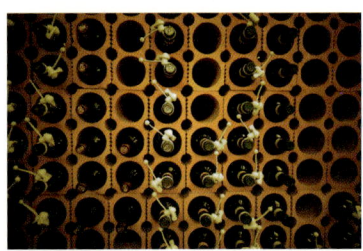
벽면 가득한 와인

곁들여 먹은 안주들

디캔팅하여 따르는 와인

발사믹 식초

젤라테리아 에도아르도

!	업체 정보	Gelateria Edoardo
○	업체 위치	Piazza del Duomo, 45R, 50122 Firenze
⊙	영업시간	월-일 11:00~23:30
€	가격	3유로(2스쿱), 4유로(3스쿱)
☺	작가의 말	건강을 생각하는 이들을 위한 제안, 유기농 젤라토.

마지막으로 방문한 곳은 젤라토집 〈에도아르도〉. 역사가 깊지는 않지만, 유기농 젤라토를 전면에 내세워 인기몰이중인 곳이다. 이미 앞서 갔던 곳들도 대개 첨가물을 넣지 않은 자연 그대로의 젤라토를 만드는 집인 경우가 많았기에 유기농이란 말이 사실 크게 매력적으로 다가오지 않았지만 유기농, 로하스, 오가닉 같은 표현을 좋아하는 일본인들 사이에선 인기가 아주 높다.

요일별로 다른 젤라토
페르케 노

ⓘ 업체 정보	Perché No
업체 위치	Via dei Tavolini, 19R, 50122 Firenze
영업시간	수–월 11:00~23:00, 화 12:00~20:00
가격	젤라토 2.5유로부터. 그라니타 3~5유로, 크림 추가시 1유로
작가의 말	요일별로 다른 메뉴를 선보이는 것이 하나의 매력 포인트.

숙소에 세탁기가 고장나서 집 근처 빨래방으로 갔다. 세탁기를 돌리고 멍하니 그걸 보고 있자니 그 여유로움과 평화로움에 몸이 노곤해졌다. 여기에 젤라토 하나를 더하면 완벽하겠단 생각에 주머니를 뒤적여보니 동전 몇 개가 나왔다. 어슬렁어슬렁 피렌체 시내를 거닐어 1939년에 문을 연 유명 젤라토집인 〈페르케 노〉에 들러 젤라토를 한입 베어 물었다. 이곳의 젤라토 역시 매일 아침 만드는, 첨가물 없는 신선한 진짜 젤라토라고 한다. '페르케 노'는 영어로 'Why not'이라는 뜻이다. 피렌체에서는 젤라토를 먹자. 페르케 노?

세계인의 입맛을 사로잡은 곳
그롬

ⓘ 업체 정보	Grom	
📍 업체 위치	Via del Campanile, 2, 50122 Firenze	
⏷ 영업시간	월–일 10:30~00:00 (동절기 ~23:00까지)	
€ 가격	2.5유로	
☺ 작가의 말	매달 신메뉴 '이달의 젤라토'가 나오니 놓치지 말고 맛보자.	

2003년에 토리노 지방에 처음 문을 연 〈그롬〉은 2014년 현재 이탈리아에만 31개, 해외에 5군데 지점을 둔 세계적인 젤라토집이다. 로컬을 선호하는 나는 원래는 가지 않으려 했지만 사람들이 길게 줄 서 있어 얼마나 맛있는지 궁금해져 결국 동참하고 말았다. 받아든 그 젤라토는 과연 세계인의 입맛을 사로잡을 만했다. 프랜차이즈는 높은 퀄리티를 유지하기 힘들 거라던 나의 편견을 와장창 깨버렸다. 입에 넣자마자 부드럽게 녹아내린 젤라토는 다른 맛도 궁금하게 했다.

빨래방으로 돌아가니 빨래가 다 끝나 있어 모두 꺼내 건조기에 넣고는 부른 배를 두드리며 한낮의 달콤함을 즐겼다. 이런 게 바로 이탈리아인들이 힘주어 말하는 '게으름의 달콤함(dolce far niente)'이 아닐까.

피렌체에 온 이유
일 라티니

ⓘ	**업체 정보**	Il Latini
◯	**업체 위치**	Via dei Palchetti, 6R, 50123 Firenze
⊙	**영업시간**	화–일 12:30~22:30(브레이크타임 14:30~19:30), 월 휴무
◎	**예약 방법**	이메일 예약 info@illatini.com 전화 예약 +39 055 210916
€	**가격**	미네스트로네 6유로, 비스테카 알라 피오렌티나 33유로
☺	**작가의 말**	드라이 에이징 스테이크가 유행하는데 이곳에선 원래 그렇게 먹어왔다.

피렌체에서 가장 기대했던 '비스테카 알라 피오렌티나'를 먹으러 〈일 라티니〉로 갔다. 이 이름은 이탈리아어와 영어의 발음 차이에서 유래한다. 이탈리아에 온 영국인에게 이탈리아인이 소고기를 대접했고 요리를 받아든 영국인이 '비프(소고기)스테이크군!'이라고 말한 것을 이탈리아인이 '비스테카'로 알아들었기 때문이라고. '비스테카'라고 부르게 된 이 요리는 '피오렌티나(피렌체)식 스테이크'라고 하여 '비스테카 알라 피오렌티나'라고 부르게 된다. 키아니나 종의 소고기로 만드는 이탈리아식 티본 스테이크인 비스테카는 풍부한 육즙과 버터처럼 녹아내리는 육질이 특징이다. 〈일 라티니〉는 2014 미슐랭 가이드에서 BIB를 받은 곳으로, 비스테카가 아주 유명하다.

고기만 먹기는 좀 그런 것 같아 토마토와 모차렐라로 구성된 카프레제 샐러드와 각종 채소를 넣어 만드는 야채수프인 미네스트로네도 시켜서 먹었는데, 그중 미네스트로네의 깊은 육수맛은 잊으려야 잊을 수가 없다. 비스테카는 선택의 여지 없이 레어로 주어졌는데, 써는 데 조금 애를 먹긴 했지만 육즙 가득한 그 고기맛은 단연 일품이었다.

이곳에 대한 평가는 동행한 친구와 조금 갈렸는데 친구는 부엌에서 들리는 접시 내려놓는 소리를 싫어한 반면 나는 격식 없어 되레 정겹다고 생각했다. 고기 또한 친구는 마블링이 풍부한 부드러운 고기를 선호해 썩 좋아하지는 않았다. 그러나 나는 비스테카를 먹으러 피렌체에 또 오고 싶을 정도였다.

1. 이탈리아 키안티에서 생산된 IGT 등급의 레드 와인

2. 이탈리아 빙하 탄산수인 수르지바

3. 카프레제 샐러드

4. 토스카나식 미네스트로네

5. 비스테카 알라 피오렌티나

6. 후식으로 내어준 비스코티

7. 높은 도수로 입을 씻어준 식후주 그라파*

•그라파 : Grappa di Chianti, 포도 짜는 기계 속의 찌꺼기를 증류한 술

식후에는 젤라토
젤라테리아 라 카라이아

ⓘ 업체 정보	Gelateria la Carraia
ⓥ 업체 위치	Piazza Nazario Sauro, 25-red, 50124 Firenze
ⓢ 영업시간	월-일 10:30~00:00 (동절기 11:00~22:00)
€ 가격	1유로부터
☺ 작가의 말	피렌체에는 맛있는 젤라토집들이 워낙 많아 우열을 가리긴 힘들다.

피렌체의 카라이아 다리 앞에는 1990년에 문을 연 젤라토집인 〈라 카라이아〉가 있다. 긴 줄을 기다려야 간신히 먹을 수 있을 만큼 그 인기가 좋다. 한참을 기다려 받은 젤라토는, 아 그래 역시 이 맛이지 하는 감탄사가 절로 나왔다.

젤라토를 먹으며 피렌체의 밤거리를 걸었다. 길거리엔 악사들의 흥겨운 연주가 가득하고, 젊은 청년들은 입에 피자를 물고 자전거를 타고 달린다. 관광객들은 가이드북을 손에 쥐고 두리번거리며 사진을 찍는다. 정시가 되면 어김없이 여러 성당에선 동시에 종을 울린다. 미켈란젤로 언덕에 올라 내려다본 피렌체는 괜스레 사람을 센티하게 만들었다.

DAY 07

한끼의 완벽한 아침식사
카페 질리

업체 정보	Caffé Gilli	
업체 위치	Via Roma 1/R, 50123 Firenze	
영업시간	월-일 07:30~01:30	
가격	에스프레소 1.1유로, 카푸치노 1.4유로, 티라미수 3유로, 카푸치노+코르네토 2.6유로	
작가의 말	피렌체에 산다면 매일 아침을 이런 식으로 즐기고 싶다.	

1733년에 질리 가문이 오픈한(현재는 발렌차 가문이 운영) 〈질리〉는 한때 귀족들의 담소장이기도 하였고 또 한때는 유명 예술가들이 즐겨 드나들던 그야말로 피렌체 역사의 산 증인과도 같은 곳이다. 아침으로 카푸치노 한 잔과 크림이 든 코르네토 하나를 시켰다. 이곳의 카푸치노는 우유 거품의 크리미함이 피렌체 최고라 알려져 있는데, 한입 맛보고 나니 과연 그 명성을 느낄 수 있었다. 코르네토 또한 크림의 달콤함과 풍성함에 미소가 절로 지어졌다. 이렇게 다 해도 바에 서서 먹을 경우에 2.6유로이니 아침식사로 정말 괜찮은 구성이다.

줄 서서 먹는 샌드위치
알 안티코 비나이오

ⓘ 업체 정보	All'Antico Vinaio
◯ 업체 위치	Via dei Neri, 74, Firenze
⊙ 영업시간	월-토 08:00~20:00, 일 08:00~18:00
ⓔ 가격	와인 2유로, 샌드위치 5유로
☺ 작가의 말	고기가 가득 든 샌드위치를 맛볼 수 있다.

피렌체에서 요즘 가장 핫한 샌드위치 가게 〈알 안티코 비나이오〉. 줄이 너무 길어 먹을지 말지 망설였으나, 누군가 '샌드위치 하나로 맛보는 피렌체의 정수'라고 표현했기에 왠지 꼭 먹어봐야 할 것 같아 기다렸다. 와인을 잔에 알아서 따라 마시고 잔당 2유로를 지불하는 시스템이 독특했다. 생각해보니 피렌체는 식당에서도 그렇고 와인에 정량이란 없는가보다. 기차를 타야 하는 관계로 캔콜라를 택했다. 샌드위치는 크기가 크고 푸짐한 편이었다. 자신이 원하는 구성으로 빵과 소스를 선택할 수 있다는 장점이 있었다. 살라미나 치즈 등 내용물의 향이 깊고 진한 편이라 이 샌드위치에는 와인이 더 어울릴 듯했다.

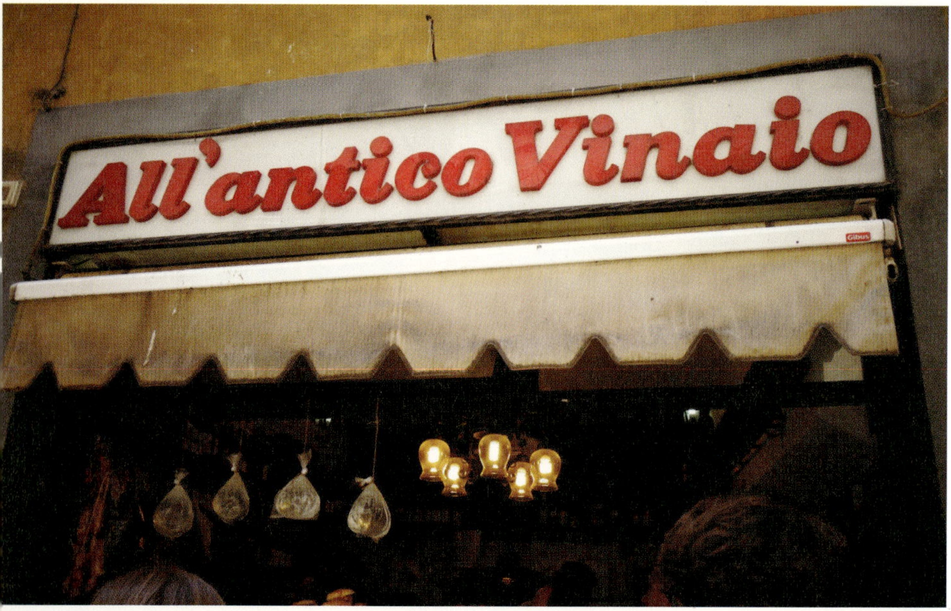
All'antico Vinaio

osterie d'Italia 2014
VINCITORE 2012
PAPPA CICCIA
la Gola
yelp
SELF SERVIS €2

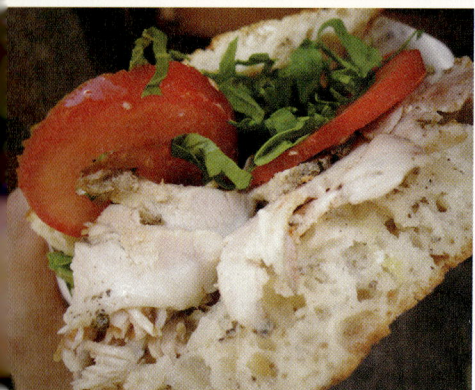

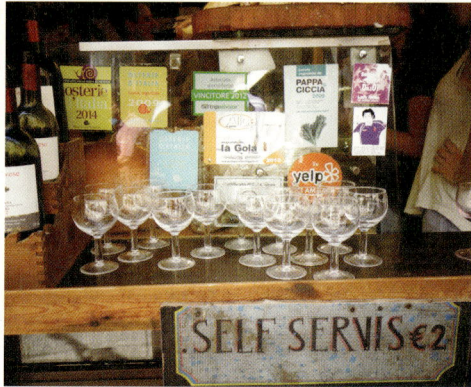

세련되게 재해석된 토스카나 요리
일 산토 베비토레

ⓘ 업체 정보	Il Santo Bevitore	
◯ 업체 위치	Via di Santo Spirito, 64/66, Firenze	
⊙ 영업시간	월-토 12:30~23:00(브레이크타임 14:30~19:30), 일 저녁만	
◎ 예약 방법	이메일 예약 info@ilsantobevitore.com 전화 예약 +39 055 211264	
€ 가격	와인 5유로~10유로, 전식 8유로대, 파스타 10유로대, 스테이크 24유로, 디저트류 7유로대, 물 2유로	
☺ 작가의 말	맛, 분위기, 가격 3박자가 완벽한 식당.	

2002년에 문을 연 〈일 산토 베비토레〉는 2014 미슐랭 가이드에서 BIB를 받은 곳으로 피렌체 현대 요리로 유명하다. 친구도 나도 배가 불러 나눠 먹을 생각으로 조금만 시켰다. 그랬더니 두 접시씩 나오는 게 아닌가. 하나만 시켰다고 하니, "알아, 하지만 너네 나눠 먹을 거 아니야? 주방에서 나눠 담아줄 수 있는 거니까 나눠 담았어."
부탁하지도 않았는데 이런 세심한 배려라니, 그렇다면 이 한 접시에 담긴 양이 반인분이라는 건데 양이 그리 적지도 않았다. 아몬드 수프는 재료가 참 특이하다고 생각했는데, 한입 먹어보니 그 안에 들어 있는 프로슈토와 무화과가 함께 어우러져 지금껏 먹어본 적 없는 참신한 맛이 인상 깊었다. 요리 각각의 맛은 확실하면서도 섬세한 부분까지 신경 쓴 것이 티가 났고 어느 하나 허투루 내놓은 것이 없었다. 결국 조금만 먹기는커녕 디저트까지 시켜먹었다.

1. 식전주로 마신 스파클링 와인 프로세코

2. 식사와 곁들여 먹는 두 가지 종류의 빵

3. 오늘의 메뉴였던 아몬드 수프

4. 양념에 재워둔 새우를 곁들인 오징어 먹물 리소토

5. 이탈리아 토스카나 볼게리 지역에서 생산된 DOC 등급의 레드 와인

6. 푸아그라 크림을 곁들인 갈빗살 스테이크

7. 이탈리아 시칠리아에서 생산된 IGP(=IGT) 등급의 주정 강화 와인*

8. 뮤즐리로 만든 사블레와 바닐라 판나코타

9. 산양유로 만든 그라니타를 곁들인 피스타치오 무스

• 주정 강화 와인 : 도수는 높지만 단맛이 강해 디저트와 잘 어울린다

늦게 가면 알짤없어
젤라테리아 산타 트리니타

① 업체 정보	Gelateria Santa Trinita
◎ 업체 위치	Piazza Frescobaldi, 11-12/r, 50125 Firenze
€ 가격	1.8유로부터
☺ 작가의 말	젤라토집 순위를 매겨달라고 하는 것만큼 멍청한 부탁이 없으니 직접 맛보는 것이 좋겠다.

산타 트리니타 다리 앞에는 2008년에 파올로 세테솔디 셰프가 오픈한 〈젤라테리아 산타 트리니타〉가 있다. 워낙 소문이 자자해 즐거운 마음으로 달려갔으나, 너무 늦은 시각에 도착했는지 인기 메뉴들은 죄다 팔리고 텅텅 비어 있었다. 이젠 피렌체에서 맛없는 젤라토를 맛보는 게 더 어려운 일이 아닐까 하는 생각마저 든다. 또 한편으론 텅 빈 젤라토 통들을 보면서 이렇게 수요가 있으니 매일 새롭게 만들어 팔 수 있겠다 싶어져 그 환경이 퍽 부러웠다.

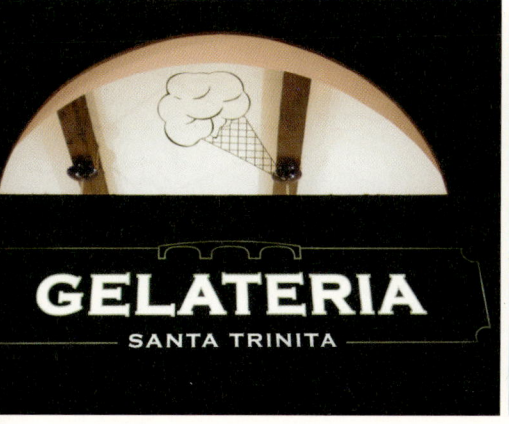

DAY 08

이탈리아 식재료에 대한 모든 것
잇탤리

- ① **업체 정보**　Eataly Firenze
- ◯ **업체 위치**　Via dei Martelli, 22, 50122 Firenze
- ⊘ **영업시간**　월-일 10:00~22:30
- ☺ **작가의 말**　여길 가보면 누구나 요리하고 싶어지게 될 것이라 확신한다.

〈잇탤리〉는 이탈리아 전역에 11개가 넘는 매장이 있고 미국, 두바이, 일본 등에 지점을 둔 것은 물론, 한국에도 들어올 예정이다. 곳곳에 "Life is too short not to eat and drink well(잘 먹고 마시지 않기에 인생은 너무 짧아)", "Eat better, Live better(잘 먹는 게 잘 사는 거야)", "You are what you eataly(당신이 먹는 것이 당신을 말해준다)" 등등의 문구가 적혀 있는데, 그게 바로 이 〈잇탤리〉를 가장 잘 보여주는 문구들이다. 이곳은 맛있는 음식을 팔 뿐만 아니라, 이탈리아 전역에서 공수한 최상의 식재료들과 각 지방 특유의 와인은 물론이고, 각종 요리 도구 및 요리 서적과 심지어는 여러 허브의 씨앗들까지 이탈리아 음식에 대한 A to Z를 판매하는 곳이다.

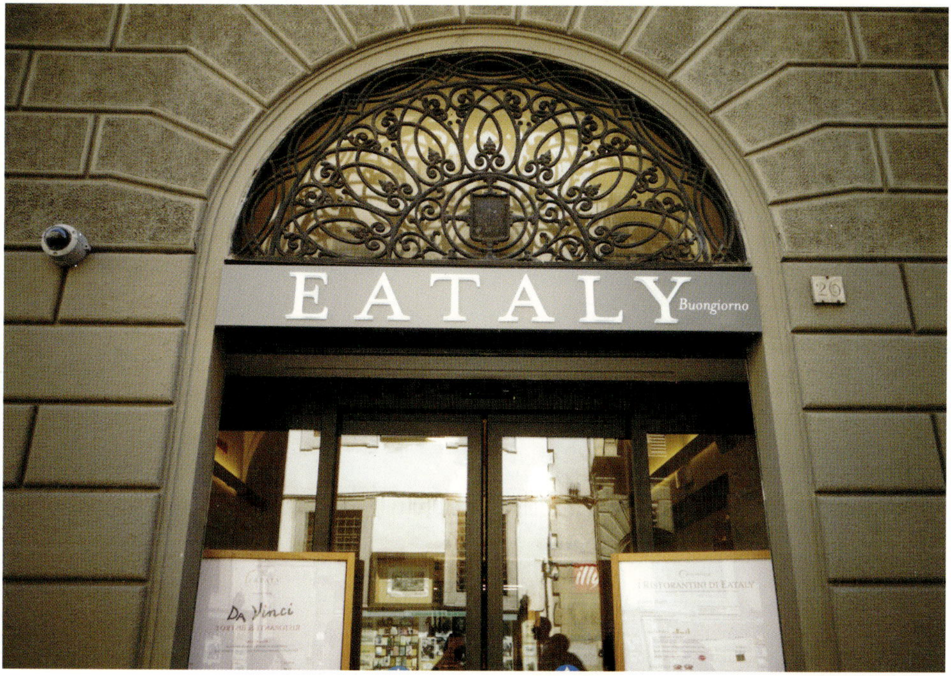
EATALY
Buongiorno
26
Da Vinci
I RISTORANTINI DI EATALY

SOTTOBOSCO
VALTARO
Funghi Pleurotus
SOTTOBOSCO
VALTARO
Funghi Pleurotus
SOTTOBOSCO
VALTARO

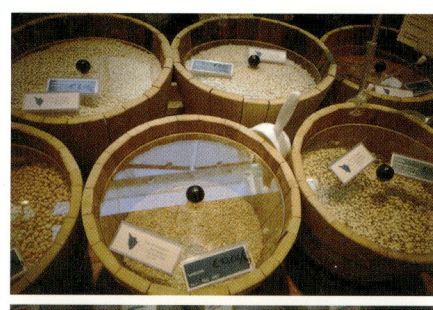

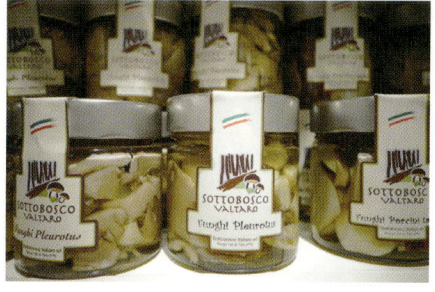

피렌체 미슐랭 1스타 레스토랑
오라 다리아

① 업체 정보	Ora d'Aria
ⓘ 업체 위치	Via dei Georgofili, 11, 50122 Firenze
ⓘ 영업시간	월 19:30~22:00, 화-토 12:30~22:00(브레이크타임 14:30~19:30) 일 휴무
ⓘ 예약 방법	전화 예약 +39 055 200 1699
€ 가격	점심 코스 28유로
ⓘ 작가의 말	이탈리아 파인 다이닝의 정수를 맛보았다.

〈오라 다리아〉는 미슐랭 1스타 레스토랑으로, 미슐랭 2스타 〈아르놀포〉에서 수셰프를 지냈던 스타빌레 셰프가 이끌고 있다. 이곳은 점심에 28유로(자릿세가 붙어 33유로)라는 아주 합리적인 가격의 코스를 운영한다. 안이 훤히 다 보이는 깨끗한 주방과 친절히 맞아준 셰프 덕에 느낌이 아주 좋았다. 점심 코스를 주문했는데, 자칫 이탈리아 요리는 파인 다이닝에 잘 안 어울릴지도 모르겠다던 의구심을 단번에 깨주었다. 리소토도 '이게 알 덴테다'라고 가르쳐주는 듯 완벽히 조리되어 있었다. 다만 양이 적어 단품으로 더 주문하였는데, 미식가들이 흔히 이야기하는 완벽한 뀌송(요리의 익힘 정도)의 대명사인 '겉바안촉(겉은 바삭하게, 안은 촉촉하게)'의 정석을 보여주었다. 여기서 풀코스를 즐겼어야 했는데.

1. 주로 레드 와인용으로 쓰이는 시라 품종으로 만든 화이트 와인

2. 토스카나 빵, 쌀보리 빵, 포카치아 세 종류의 빵

3. 키안티 와인 소스의 수란과 송로버섯

4. 토스카나에서 나는 허브를 모두 넣은 리소토

5. 시금치와 송로버섯을 곁들인 캐러멜화한 뿔닭

6. 갈색 버터 소스를 곁들인 염장 건대구

7. 바닐라 아이스크림과 초콜릿 수플레

맛있는 샤커레토
리보이레

ⓘ 업체 정보	Rivoire	
◯ 업체 위치	Piazza della Signoria, 5, 50122 Firenze	
⌄ 영업시간	화–일 07:30~00:00, 월 휴무	
€ 가격	에스프레소 1.1유로, 핫 초콜릿 7.5유로	
☺ 작가의 말	유럽에도 차가운 커피가 있다.	

〈리보이레〉는 피렌체가 이탈리아의 수도였던 1872년에 사보이 가문에서 초콜릿을 만들던 엔리코 리보이레가 연 카페이다. 초콜릿이 유명하지만 시원한 음료가 먹고 싶어져 에스프레소와 얼음을 셰이커에 담아 흔드는 샤커레토와 에스프레소에 얼음을 넣은 프레도를 주문했다. 어찌나 잘 흔들어냈는지 샤커레토의 입자가 아주 곱고 부드러워 목 넘김이 좋았다. 여름엔 이런 게 별미다. 갈증이 단번에 풀리는군!

우리는 집안 대대로야
비볼리

ⓘ 업체 정보	Vivoli
◯ 업체 위치	Via Dell'Isola delle Stinche, 7r, 50122 Firenze
⌄ 영업시간	화-일 07:30~00:00, 월 휴무
€ 가격	1.8유로(작은 컵), 2.5유로(큰 컵)
☺ 작가의 말	피렌체 젤라토들이 맛있는 근원을 여기서 찾을 수 있다.

〈비볼리〉는 1929년 카페로 문을 열었으나 1932년부터 본격적으로 젤라토를 만들어 팔기 시작해 피렌체에서 젤라토 역사가 가장 깊은 곳이다. 주문하면서 주인 할머니에게 물어보았다.

"내가 며칠 전에 한 젤라토집엘 갔는데 거기도 이름에 비볼리가 들어가 있던데 여기와 무슨 관계야?"

그러자 주인 할머니가 오히려 열을 내셨다.

"거기가 왜 비볼리라는지 모르겠지만 비볼리는 우리 가문 이름이야! 우리 젤라토를 먹고 나면 다른 가게는 생각도 안 날 거야! 얼른 먹어봐!"

생각해보니 세상에 이재호가 나만 있는 것도 아닌데 멍청한 질문이었다. 그래서 한입 먹어보고는 "여기 젤라토가 최고구나!" 하며 엄지를 척 치켜세웠지만 사실 난 순위를 못 매길 만큼 다 맛있었는데, 어떡하지.

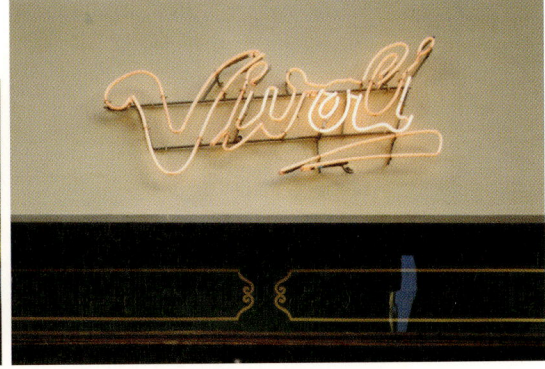

내 인생 최고의 초콜릿
베스트리

ⓘ 업체 정보	Vestri	
◯ 업체 위치	Piazza Gaetano Salvemini, 11, 50122 Firenze	
⊙ 영업시간	월–일 10:00~19:30	
€ 가격	2유로~5유로	
☺ 작가의 말	먹어본 초콜릿 젤라토 중 이곳을 뛰어넘는 곳은 아직까지 본 적이 없다.	

〈베스트리〉는 1960년에 토스카나 지방의 작은 도시인 아레초에서 처음 문을 연 초콜릿 가게로 현재 피렌체에 2호점을, 일본 도쿄에 3호점을 두고 있다. 몇시까지 하냐는 내 질문에 종업원은 10분 뒤에 닫을 거라고 했다. 지금 먹지 않으면 평생 맛보지 못할 수도 있다는 불안감과 곧 저녁을 먹어야 한다는 부담감 사이에서 잠시 갈등하다 그냥 주문해버렸다. 일부러 작은 사이즈로 주문했는데, 종업원은 서비스라며 두 가지 맛을 내주었다. 이런 눈치 없는 사람. 이곳은 바다 근처의, 산으로 둘러싸인 기후와 습도가 아주 적절한 도미니카 공화국산 초콜릿을 쓴다고 한다. 실제로 먹어보니 깊고 농후한 초콜릿 맛이 더할 나위 없었다.

포르치니 버섯의 진실
라 기오스트라

① 업체 정보	Ristorante La Giostra
◎ 업체 위치	10/12 18 R Borgo Pinti, 12, 50121 Firenze
◎ 영업시간	월–금 13:00∼00:00(브레이크타임 14:30∼19:00), 토–일 19:00∼00:00
◎ 예약 방법	홈페이지 예약 http://www.ristorantelagiostra.com
€ 가격	파스타류 10유로 중후반, 주요리 20유로 중반, 디저트 8유로
◎ 작가의 말	당신이 알고 있는 포르치니 버섯은 그게 전부일까요?

〈라 기오스트라〉는 합스부르크의 왕자 로라네가 20여 년 전에 오픈한 곳으로 왕실의 조리법대로 요리를 만들며 버섯을 잘 활용하기로 유명하다. 그래서 포르치니 버섯을 골랐고 면이냐 밥이냐를 다투다가 결국 나는 탈리아텔레를, 친구는 리소토를 골랐다. 한국에선 말린 포르치니 버섯만 수입이 가능하기 때문에 생 포르치니를 듬뿍 넣은 요리는 이곳에서 처음 먹어봤는데 두툼하게 씹히는 식감과 진한 향이 내가 먹어본 것들과는 차원이 달랐다. 지금껏 내가 먹은 포르치니 버섯들은 대체 뭐였을까. 이토록 깊고 진한 향의 버섯이었다니. 서비스로 항상 토스카나식 샐러드와 프로세코를 내어준다.

1. 서비스로 내어주는 식전 프로세코

2. 서비스로 내어주는 토스카나식 샐러드

3. 포르치니 버섯을 넣은 리소토

4. 포르치니 버섯을 넣은 탈리아텔레

5. 스테이크

6. 대표 디저트 티라미수

낭만적인 피렌체
콘체르토 파츠콥스키

ⓘ 업체 정보	Caffè Concerto Paszkowski
📍 업체 위치	Piazza della Repubblica, 35r, 50123 Firenze
🕐 영업시간	월-일 07:00~02:00
€ 가격	피자 12유로, 리조 감베리 15유로
😊 작가의 말	매일 각기 다른 공연이 이어지며 페이스북을 통해 공지한다.

〈콘체르토 파츠코프스키〉는 1846년에 문을 연 곳으로 콘서트 카페라는 콘셉트답게 밤마다 공연장으로 변한다. 초반에는 유명 밴드 파츠코프스키의 연주가 이어졌으며 이탈리아 예술가들의 만남의 장소가 되곤 했다. 지금도 여러 밴드의 연주가 계속되고 있는데 그 앞을 지나가며 흥겨움에 어깨를 들썩인 게 한두 번이 아니라 결국 찾아가보았다. 음식이나 음료가 독특한 것은 아니지만 테라스에 앉아 밴드의 연주를 보고 있자니 피렌체의 밤이 더욱 낭만적으로 느껴졌다. 정말이지 피렌체와 사랑에 빠지지 않는 것은 유죄가 아닐까 싶다.

베로나 · 베네치아

DAY 09

베로나 미슐랭 1스타
오스테리아 라 폰타니나

ⓘ	업체 정보	Osteria la Fontanina
◯	업체 위치	Portichetti Fontanelle, 3, 37100 Verona
⌄	영업시간	월-토 12:00~22:30(브레이크타임 14:00~19:00), 일 휴무
◎	예약 방법	전화 예약 +39 045 913305
€	가격	테이스팅 코스 : 고기 85유로, 생선 90유로
☺	작가의 말	여기가 아니면 먹어볼 수 없는 베로나 요리와 와인들!

〈오스테리아 라 폰타니나〉는 2014 미슐랭 가이드에서 별 1개를 받았다. 200년이 훌쩍 넘은 여관 건물을 타파리니스 셰프가 인수하여 1984년부터 운영해오고 있는데, 그림 같은 외관에 앤티크숍을 방불케 하는 고풍스런 실내 분위기까지. 식사를 하기도 전부터 이미 기분이 한껏 고취되었다. 그런 반면 주인은 어찌나 친근한지 동네 밥집에 온 듯 편하게 대해주었다. 이곳은 인당 5유로의 자릿세가 따로 붙는 대신 식전주 한 잔이 무료로 제공된다.

1. 베네토의 트레비소에서 생산된 DOC 등급의 프로세코

2. 베네토의 발폴리첼라에서 생산된 DOC등급의 레드 와인

3. 식사와 곁들여 먹는 여러 종류의 빵들

4. 해산물과 옥수수를 넣어 만든 수프를 곁들인 베네치아 스타일의 염장 대구 요리 바칼라

5. 오븐에 젖먹이 새끼 돼지 다리를 구운 마이알리노, 부드럽고 쫄깃한 맛이 일품!

6. 베네토에서 생산된 그라나 파다노 치즈와 검은 송로버섯으로 속을 채운 아놀로티*

• 아놀로티 : 작은 사이즈의 속이 찬 라비올리와 유사한 파스타

만들어는 드릴게
카페 보르사리

① 업체 정보	Caffe Borsari	
◯ 업체 위치	Corso Porta Borsari, 15d, 37121 Verona	
⊙ 영업시간	월-일 07:30~20:15	
€ 가격	그라니타 2.5유로, 에스프레소 1.1유로	
☺ 작가의 말	에르베 광장에서 멀지 않으니 시내에서 관광하다 들르기에 좋다.	

〈카페 보르사리〉는 『론리플래닛』, 감베로 로소 등에 모두 언급되는 베로나 대표 카페이다. 날이 더워 그라니타를 주문하니 "그건 시칠리아 애들이나 먹는 거지만 원한다니 만들어는 줄게"란다.

일단 한입 털어넣어 몸을 식히고는 다시 물었다.

"그럼 대표 메뉴는 뭔데?"

"커피지. 우리 블렌딩이 아주 훌륭하거든."

그래서 에스프레소도 청했다. 으흥, 맛있구만. 베로나 대표 카페 인정!

입에 착 감기는 와인의 맛
보테가 델 비노

ⓘ 업체 정보	Bottega del Vino	
업체 위치	Via Scudo di Francia, 3, 37121 Verona	
영업시간	월-일 12:00~23:00	
예약 방법	홈페이지 예약 http://www.bottegavini.it 이메일 예약 info@anticabottegadelvino.net 전화 예약 +39 045 800 4535	
€ 가격	프리모 10~15유로, 세컨도 15~30유로	
작가의 말	오페라도 즐기고 싶고 맛있는 음식과 와인도 즐기고 싶다면 고민 말고 문을 열 것.	

1890년에 문을 연 〈보테가 델 비노〉로 갔다. 베로나에서 손꼽히는 역사 깊은 곳으로 세계적인 와인 평가서인 『와인 스펙테이터』에서 레스토랑들에 수여하는 등급 중 최고 등급인 그랑 어워드를 받은 곳이다.

오페라 때문에 시간이 충분하지 않아 풀코스로 즐기지는 못하고 몇 가지 지역색이 보이는 요리들을 골랐다.

그중 베네토의 전통 생면 파스타인 비골리 면에 오리 라구 소스를 곁들인 파스타가 정말 인상적이었다. 조금 지루하게 들릴지 모르지만 파스타를 후룩후룩 먹게 된달까. 도저히 이로 애써 끊고 싶지 않을 만큼 중독성 있는 맛이었다. 비골리 면은 길고 굵은 튜브 모양으로 부카티니 파스타와 유사하다. 토스카나에서는 피치라고도 불린다.

특히 그랑 어워드의 명성에 걸맞게 와인이 정말 좋았다. 이곳의 하우스 와인은 베네토의 발폴리첼라에서 생산되는 고급 와인인 아마로네였는데 포도를 건조시켜 양조하는 아파시멘토라는 독특한 제조방법으로 만들어져 그 맛과 향이 일반 와인과 확연히 달랐다. 알코올 도수가 다소 높은 이 와인은 이탈리아 레드 와인 중에서도 가장 강한 맛으로 알려져 있다. 이 와인을 한입 머금으니 입에 감긴다는 게 이런 거구나를 실감했다.

▼ 잠깐! 그랑 어워드는 무엇인가요?

'그랑 어워드'는 세계적인 와인 평가서 『와인 스펙테이터』에서 레스토랑들에 수여하는 등급 중 최고 등급이다. 1981년부터 시작되어 다양한 빈티지로 넓고 깊은 폭의 1500종 이상의 와인 리스트를 보유한 곳. 와인 셀러에 대한 관리는 물론, 레스토랑의 서비스와 분위기 그리고 요리 등에 있어서 엄격한 기준을 통과한 곳 등의 까다로운 조건을 만족해야 받을 수 있는 곳으로 2014년에는 전 세계에서 단 74곳이 이 조건을 충족했다.

1. 지하에 위치한 거대한 까브 외에도 레스토랑 벽 전체가 와인으로 가득차 있다

2. 이곳의 하우스 와인 아마로네

3. 식사와 곁들여 먹는 두 종류의 빵

4. 파스타 에 파졸리. 파스타와 콩이라는 뜻으로 이때 콩은 보를로티 콩을 말한다

5. 포르치니 버섯을 넣은 리소토

6. 오리 라구 소스를 곁들인 비골리 면의 파스타

DAY 10

테이크아웃 파스타
달 모로의 프레시 파스타

- ⓘ **업체 정보** Dal Moro's – Fresh Pasta To Go
- ◯ **업체 위치** Calle De La Casseleria, 5324, 30122 Castello, Venezia VE
- ⌄ **영업시간** 월-일 12:00~20:30 (동절기 15:00~20:30)
- € **가격** 6~7유로
- ☺ **작가의 말** 직원들이 간단한 한국어를 구사한다. 베네치아의 물가를 생각하면 괜찮은 선택.

점심시간이 지나 시간이 좀 애매한 탓에 간단히 때울 생각으로 테이크아웃 파스타를 파는 〈달 모로의 프레시 파스타〉에 갔다. 비록 생면 파스타(Frash Pasta)는 아니었지만 즉석 파스타(Fresh Pasta)여서 맛은 괜찮았다. 친구는 토마토 소스로, 나는 치즈 소스로 주문하여 각각 맛보고 또 섞어서 로제 파스타로 맛보기도 했다. 우리가 앉아서 먹은 곳이 마침 곤돌라가 지나가는 골목이었기에 많은 사람들이 지나가며 맛있게 먹으라고 얘기해줬는데 그게 퍽 부끄럽기도 하고 우습기도 하면서 낭만적이었다.

베네치아 대표 카페
카페 플로리안

ⓘ 업체 정보	Caffè Florian	
◎ 업체 위치	Piazza San Marco, 30100 Venezia	
⊙ 영업시간	월-일 09:00~00:00	
€ 가격	에프터눈 티 세트 38유로, 커피 10유로대, 핫 초콜릿 10유로, 디저트류 10~17유로	
☺ 작가의 말	유명한 곳인 만큼 큰 지출을 각오해야 한다.	

〈카페 플로리안〉은 1720년에 플로리아노 프란체스코니가 문을 연 이탈리아에서 가장 오래된 카페이다. 베네치아에 오기 전 소원이 하나 있었다면 늦은 저녁에 이곳의 연주자들이 연주하는 음악을 들으며 음료를 홀짝이는 일이었다. 이곳은 과거에 괴테, 프루스트, 바그너 등의 유명 인사들이 드나들었으며 출입구가 여러 곳이다. 또한 여러 콘셉트의 방이 각각 아름답게 꾸며져 있으며 테라스 자리에 앉으면 잔잔히 들려오는 연주를 들을 수 있다. 건물 자체가 박물관 같은 느낌이라 카페에서 이탈리아의 역사를 느낄 수 있을 것이다. 다만 그렇기 때문에 커피값이 비싼 편인 것은 감안해야 한다.

진짜 젤라토를 먹자
젤라테리아 니코

ⓘ 업체 정보	Gelateria Nico
📍 업체 위치	Fondamenta Zattere al Ponte Longo, 922, 30121 Venezia
⌚ 영업시간	금-수 07:00~23:00, 목 휴무
€ 가격	1.5유로(1스쿱), 2.4유로(2스쿱)
☺ 작가의 말	관광지 근처의 젤라토집에서 헤매지 말고 이쪽으로 오길.

〈니코〉는 1937년에 마우리치오와 발테르가 문을 연 베네치아에서 가장 유명한 젤라토집이다.

이곳에 오기 전 한 젤라토집에 갔었는데, 색이 너무 진해 아무래도 인공색소 같아 먹지 말자고 했지만 볼로냐에서 젤라토를 배워온 친구가 재료를 많이 넣으면 저런 색이 날 수도 있다고 말했다. 어쩐지 못 미더웠지만 그래도 한 숟가락 떴는데 그 순간 젤라토는 쓰레기통에 버려야 했다. 말로만 듣던 가짜 젤라토는 정말 더럽게 맛없었다.

그러나 이곳 〈니코〉의 젤라토를 한 스푼 가득 떠 입안에 넣자 아까의 그것과는 비교할 수 없는 상큼한 맛이 났다. 버린 입이 깨끗이 씻겨 나갔다. 그래, 이런 게 진짜래도!

이것이 폭풍 흡입
트라토리아 알라 마돈나

ⓘ 업체 정보	Trattoria alla Madonna	
○ 업체 위치	Calle della Madona, 594, 30125 Venezia	
ⓥ 영업시간	목-화 12:00~22:00(라스트 오더) (브레이크타임 15:00~19:00), 수 휴무	
€ 가격	파스타 및 요리 10~17유로	
☺ 작가의 말	베네치아에 왔으니 먹물 스파게티를 맛보자.	

〈트라토리아 알라 마돈나〉는 2014 미슐랭 가이드에서는 BIB를 받았다. 베네치아 전통 식당답게 해산물이 강세인 곳이라 가장 대표적인 해산물 메뉴와 이에 곁들일 샤르도네 품종의 화이트 와인을 골랐다.

이곳은 호불호가 나뉘는 편이다. 먼저 요리가 단순하다는 이유인데 사실 재료가 신선하고 좋으면 특별한 조리법이 필요하진 않다. 조리는 재료 그 자체를 가장 돋보이게 해주면 그만이다. 미슐랭 스타 레스토랑도 아니고 편한 분위기에 웃고 떠들고 먹고 마시기에 특별한 테크닉이 굳이 필요할까.

특히 오징어 먹물 스파게티는 언뜻 짜장면이 연상되는 맛이었는데 어찌나 맛있던지 정말 '흡입'이라는 표현이 맞을 정도로 게눈 감추듯 먹어 치웠다. 해산물 튀김이 짜다는 지적도 있는데 와인을 함께 마시지 않아서일 수도 있다. 와인이랑 먹으면 딱 맞아떨어지는 맛일 것이다. 이때 같이 먹는다는 말은 음식을 입안에 두고 와인을 마셔 입안에서 같이 맛보는 것을 뜻한다. 음식을 먹고 입을 씻기 위해 술을 마시는 것은 소주 등의 도수가 높은 술의 경우에 해당한다.

이곳의 요리는 단순함이 매력이다. 이런 요리를 두고 너무 단순하고 별 거 없다고 하는 건 조금 부당한 게 아닐까.

1. 식사와 곁들여 먹는 빵

2. 샤르도네 품종의 화이트 와인

3. 해산물 전채 모둠

4. 게딱지에 서브되는 게살, 그란체올라

5. 오징어 먹물 스파게티

6. 새우와 오징어 튀김

7. 빵을 입힌 생선 필레

8. 수제 케이크

골목길에서 찾은 보물
N.iCE CREAM

ⓘ 업체 정보	N.ice cream	
📍 업체 위치	Ruga Vecchia S. Giovanni, 775, 30125 Venezia	
⌄ 영업시간	월-일 11:00~23:00	
€ 가격	4유로(1스쿱), 5유로(2스쿱), 6유로(3스쿱)	
☺ 작가의 말	인지도는 떨어지지만 맛은 보장한다. 진짜 '나이스'해!	

친구가 봐둔 젤라토집이 있다며 가자고 했다. 가짜 젤라토 사건으로 그에 대한 신뢰가 추락한 상태였지만 뭐 한번 더 믿어보는 걸로. 다행히 이번엔 그의 선택이 옳았다. 티라미수맛 젤라토는 그중 으뜸.

맛있는 젤라토를 고를 때 확인할 것이 있다. 첫째, 젤라토는 의외로 모양이 잘 무너지기 때문에 컵 뚜껑이 덮여 있는 것이 좋다. 둘째, 오픈되어 있다면 모양과 색을 잘 보자. 형태가 엉성할수록, 색이 멀걸수록 좋다.

DAY 11

베네치아 미슐랭 1스타
일 리도토

① 업체 정보	Il Ridotto	
◯ 업체 위치	Sestiere Castello, 4509, 30122 Venezia	
⊙ 영업시간	목-월 12:00~00:00(브레이크타임 15:00~19:00), 화-수 휴무	
◎ 예약 방법	홈페이지 예약 http://www.bottegavini.it 이메일 예약 info@ilridotto.com 전화 예약 +39 041 520 8280	
€ 가격	코스 28유로, 디저트 10유로	
☺ 작가의 말	가격이 저렴한 만큼 양도 적긴 했지만 베네치아에서 이 가격에 즐길 수 있다는 건 축복이다.	

〈일 리도토〉는 보나코르시 셰프가 이끄는 곳으로 2014 미슐랭 가이드에서 별 하나를 받았고 감베로 로소에도 꾸준히 이름을 올리고 있다. 서버는 빵과 함께 올리브 오일을 병째 주며 질이 좋으니 맘껏 즐기라고 했다. 과연 병을 코에 갖다댔는데 기절할 정도로 향이 진하고 깊었다.
전채는 베네치아답게 새우, 대구, 관자로 이어지는 해산물의 연속이었는데 재료를 손질할 때 하나하나 손이 많이 갔음이 단번에 보였다. 그 맛 또한 아주 섬세하여 특히 홍차로 향을 낸 퓨레는 그 독특한 인상이 오래도록 남았다.
이어지는 본식은 젖먹이 새끼 돼지였는데 익힘 정도가 핑크빛이 도는 완벽한 상태였고 기가 막히게 부드러웠다. 혹자는 돼지는 바싹 익혀 먹어야 하는 것 아니냐고 할지 모르지만 사실 기생충 문제는 이미 우리나라를 포함한 대부분의 국가에서 해결되어 오히려 미디움 정도로 익혀 먹는 것이 고기가 탈 염려 없이 훨씬 더 안전하고 맛있게 먹는 방법이다.

1. 이탈리아 탄산수 산 펠레그리노

2. 베네치아에서 생산된 화이트 와인

3. 시칠리아산 최상급 올리브 오일

4. 직접 만든 호밀빵과 밀빵

5. 아몬드를 올린 랑구스틴(작은 새우)

6. 렌틸콩을 곁들인 바칼라*

• 바칼라 : 염장하여 말린 건대구

7. 홍차로 향을 낸 당근 퓨레와 관자

8. 라즈베리 소스를 곁들인 젖먹이 새끼 돼지

9. 팬에 바삭하게 구워낸 농어 요리

10. 〈일 리도토〉 스타일로 재해석한 티라미수

11. 딸기 소스에 올린 초콜릿, 월계수 잎 아이스 크림

진한 초콜릿 젤라토
벵키

ⓘ 업체 정보	Cioccogelateria Venchi
◉ 업체 위치	Calle dei Fabbri, 989, 30124 Venezia
ⓥ 영업시간	월–일 10:30~22:00
€ 가격	2.8유로(작은 컵), 3.5유로(중간 컵)
☺ 작가의 말	좋아요! 아주 좋아요! (Buòno! Bounissimo!)

〈벵키〉는 1878년 피에몬테에서 실비아노 벵키가 시작한 초콜릿 가게로 이탈리아 내에만 27개의 지점을 둔 가게다. 이곳의 유명 메뉴인 '카카오 75퍼센트 초콜릿 젤라토'를 맛보았는데 진하다, 정말 진하다. 널리 사랑받는 데에는 다 이유가 있나보다. 맛이 정말 끝내준다.

베네치아에서 꼭 먹어봐야 할 젤라토
다이 프라데이

ⓘ 업체 정보	Dai Fradei
◯ 업체 위치	Via Baldeassare Galuppi, 214, 30142 Venezia
⌄ 영업시간	화-일 09:00~18:30
€ 가격	2유로 내외
☺ 작가의 말	굉장히 상큼하고 달달하다. 베네치아를 떠나면 맛보기 힘든 맛.

부라노 섬을 거닐다 한 젤라토집에서 흥미로운 메뉴를 발견했다. 바로 '벨리니' 젤라토. 벨리니는 1948년에 베네치아에 위치한 〈하리즈 바〉의 사장 주세페 치볼리아니가 개발하여 유명해진 와인 칵테일이다. 이 칵테일은 복숭아 과즙에 이탈리아의 스파클링 와인인 스푸만테를 섞는데, 스푸만테 중에서도 베네토 지역에서 생산되는 프로세코를 섞어 만든다. 베네토의 지역색이 한껏 묻어나는 젤라토를 베네치아에서 먹지 않고는 배길 수가 없었다. 이탈리아를 떠나기 전에 이걸 발견하다니, 기쁜 마음에 냉큼 주문했다. 베네치아가 아니면 맛보기 힘드니 이곳에서 꼭 맛보았으면 한다. 복숭아 특유의 상큼함과 달달함이 입안에서 팡팡 터지니 기대해도 좋다.

런던

DAY 12

한국인의 미슐랭 1스타 레스토랑
갤빈 앳 윈도우즈

① 업체 정보	Galvin at Windows
◯ 업체 위치	London Hilton on Park Lane Hotel, 22 Park Lane, London, W1K 1BE
⊙ 영업시간	(점심) 월–금 12:00~14:30, 토 휴무, 일 11:45~15:00 (저녁) 월–수 18:00~22:30, 목–토 18:00~23:00, 일 휴무
◎ 예약 방법	온라인 예약 http://www.opentable.co.uk 전화 예약 +44 20 7208 4021
€ 가격	2코스 26파운드, 3코스 30파운드, 3코스+와인+물+커피 50파운드 (12.5% 서비스 차지)
☺ 작가의 말	평생 절대 잊을 수 없는 화려하고 맛있었던 런던의 기억.

〈갤빈 앳 윈도우즈〉는 2006년 5월 크리스 갤빈 셰프가 오픈한 곳으로 첫 해부터 올해의 레스토랑으로 주목받더니 이듬해 세계적인 요리 대회 보퀴즈 도르에 영국 대표로 출전했다. 2010년 미슐랭 가이드에서 처음으로 1스타를 획득하였고, 2011년에는 『와인 스펙테이터』에서 상을 받았다. 뿐만 아니라 영국 BBC 프로그램 〈Michel Roux's Service〉 진행을 맡았던 프레드 시리에익스가 이끄는 이곳의 서비스 팀은 수차례 최고의 서비스 팀 상을 수상했다. 그야말로 음식, 와인, 서비스 세 박자가 모두 잘 맞아떨어진다. 게다가 힐튼 호텔 28층에 위치한 덕에 전망 또한 런던에서 손에 꼽힌다. 그러나 무엇보다 이곳이 나의 관심을 끈 건 오픈 멤버인 한국인 원주영 셰프가 2013년 헤드 셰프로 승진하면서 이곳을 이끌고 있다는 점이었다.

레스토랑에 들어서면서부터 고급스러운 화려함과 세련된 실내 분위기에 기분이 한껏 좋아졌다. 거기에 더해 런던 시내를 내려다보며 먹는 것은 그것만으로 사실 벌써 잊기 힘든 경험이었다. 전식으로는 관자 세비체가 나왔다. 입안에서 사르륵 녹는 관자의 식감과 약간의 신맛과 함께 상큼한 향이 입안에서 확 퍼지다가 마지막에는 간장맛이 살짝 맴도는 것이 화룡점정이었다. 마치 낯선 나라에서 익숙한 이를 만나는 듯한 느낌, 그간의 여행에서 가장 손에 꼽을 만한 경험이었다. 게다가 전문적이면서도 유쾌하기까지 한 종업원들의 태도는 이 식사를 배로 즐겁게 해주었다. 그리고 다국적 조리법과 여러 나라의 와인을 쓰고 있어 이탈리아나 프랑스와는 달리 아주 개방적이라는 인상을 받았다. '영국 요리는 맛없다'는 평가를 인정하고 다른 나라 음식의 좋은 점들을 적극적으로 받아들이려는 태도에서 비롯된 것이 아닐까.

1. 프랑스 탄산수 바두아

2. 식사와 곁들여 먹는 빵과 버터. 식기 전에 몇 번이고 계속해서 바꿔준다

3. 바질과 절인 오이, 매콤한 피망 그리고 토마토로 만든 가스파초

4. 이탈리아 마르케 주에서 베르디키오 품종으로 생산된 DOC 등급의 화이트 와인

5. 푸아그라 크림

6. 프랑스 부르고뉴의 샤블리에서 샤르도네 품종으로 생산된 화이트 와인

7. 간장 비네거를 곁들인 가리비로 만든 세비체와 콜라비 생채 그리고 리치와 라임

8. 이탈리아 캄파니아 주에서 피아노 품종으로 생산된 DOCG 등급의 화이트 와인

9. 토마토, 버팔로 모차렐라 치즈, 수박, 올리브 캐러멜 등으로 만든 여름 샐러드

10. 송아지 뒷다리 정강이를 화이트 와인으로 고아낸 찜 오소부코를 곁들인 아귀, 소의 혀, 펜넬

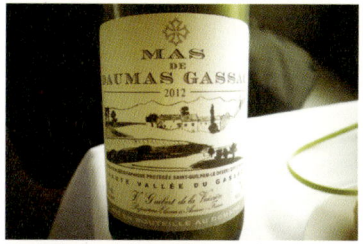

11. 슈퍼 토스카나에 비견되는 프랑스 랑그독 레드 와인

12. 소고기 안심 스테이크와 한국식 갈비찜 그리고 푸아그라와 감자 퓨레

13. 프랑스 론에서 시라 품종으로 생산된 AOC 등급의 레드 와인

14. 오이로 만든 그라니타와 구운 딸기, 그리고 커스터드 크림

15. 프랑스 루아르에서 슈냉블랑 품종으로 생산된 AOC 등급의 디저트 와인

16. 아몬드를 넣어 만든 머랭과 밀크 초콜릿, 아몬드 크림, 산딸기 그리고 바질로 만든 셔벗

17. 두 가지 종류의 초콜릿

18. 아메리카노

19. 두 가지 종류의 마시멜로

✔ 잠깐! 원주영 셰프는 누구인가요?

원주영 셰프는 실러 국제대학교 런던 캠퍼스에서 호텔관광을 전공했다. 르 꼬르동 블루 런던 캠퍼스에서 르 그랑 디플롬(요리와 제과)을 받았으며 미슐랭 1스타 레스토랑 〈오레이〉(2004-2006)를 거쳐 2006년부터 미슐랭 1스타 레스토랑 〈갤빈 앳 윈도우즈〉에 몸담고 있다. 참고로 원주영 셰프는 최근 보쌈, 갈비, 백김치, 팥 아이스크림 등 본격적인 한식으로 구성된 110파운드의 코리안 테이스팅 메뉴를 선보여 런던 미식가들의 눈과 혀와 코를 사로잡고 있다.

스타셰프의 피시 앤 칩스
톰스키친

ⓘ 업체 정보	Tom's Kitchen	
업체 위치	Somerset House, Strand, London WC2R 1LA	
영업시간	월-금 08:00~23:00(라스트 오더), (브레이크타임 11:00~12:00, 15:00~18:00), 토-일 10:00~22:30(라스트 오더), (브레이크타임 16:00~18:00)	
예약 방법	온라인 예약 http://www.opentable.co.uk 이메일 예약 tomskitchenrestaurant@somersethouse.org.uk 전화 예약 +44 20 7845 4646	
£ 가격	피시 앤 칩스 17파운드, 프로피테롤 8파운드	
작가의 말	세련된 영국 요리 접해보자. 영국 음식 맛없다고 누가 그래?	

톰 애킨스는 16살부터 요리를 시작해 세계적으로 유명한 고든 램지를 비롯해 국내의 강레오의 스승이기도 한 피에르 코프만의 〈라 당트 클레어〉가 미슐랭 3스타를 얻을 때의 주역으로 활약하였다. 이후 〈피에 아 테르〉의 셰프를 맡은 그는 미슐랭 2스타를 얻어내며 승승장구했다. 마침내 2003년 자신의 레스토랑을 오픈했고 2013년 미슐랭 1스타를 획득했다. 그 와중에 몇몇 요리 프로그램에 출연하며 일약 스타 셰프가 되었다. 아쉽게도 그곳은 2014년 1월을 마지막으로 이전을 위해 문을 닫았고 아쉬운 대로 그가 운영하는 캐쥬얼 레스토랑 〈톰스키친〉을 찾았다.

2006년 11월에 문을 연 이곳 〈톰스키친〉은 현재 런던에 4개의 지점을, 이스탄불에 1개의 지점을 두고 있다. 나는 그중 서머셋 하우스 점을 방문했다.

영국에 가면 '피시 앤 칩스'밖에 없으며 그마저도 맛이 없다고들 한다. 하지만 그가 재해석한 피시 앤 칩스를 먹어보면 반응이 좀 달라지지 않을까. 두툼한 대구 살은 완벽하게 조리되어 촉촉하고 부드러운 식감을 자랑했고 맥주를 넣어 반죽했다는 껍질은 바삭하면서도 맥주에서 나는 홉 향이 퍽 인상적이었다.

1. 영국 스코틀랜드 탄산수, 스페이사이드 글렌리벳

2. 식사와 곁들여 먹는 빵과 버터

3. 영국의 라거 맥주 큐리어스 브루

4. 맥주를 넣어 만든 반죽을 입힌 대구와 감자튀김 '피시 앤 칩스'

5. 초콜릿 아이스크림의 프로피테롤*

• 프로피테롤 : 작고 둥글게 만든 슈 반죽에 아이스크림이나 달콤한 크림 혹은 짭짤한 치즈 등을 채운 디저트, 슈크림을 말한다

DAY 13

월드 베스트 레스토랑 7위
디너 바이 헤스톤 블루멘탈

① 업체 정보	Dinner by Heston Blumenthal
○ 업체 위치	Mandarin Oriental Hyde Park London, 66 Knightsbridge, London SW1X 7LA
◯ 영업시간	월-일 12:00~14:30, 18:30~22:30
◎ 예약 방법	온라인 예약 http://www.opentable.co.uk 이메일 예약 molon-dinnerhb@mohg.com 전화 예약 +44 20 7201 3833
ⓔ 가격	저녁 코스 38파운드, 와인 1잔 7.5파운드
☺ 작가의 말	영국의 전통 음식들을 프렌치 기법을 이용해 아주 잘 풀어냈다.

만다린 오리엔탈 호텔 내에 위치한 〈디너 바이 헤스톤 블루멘탈〉은 '디너'라는 이름 때문에 저녁 영업만 할 것 같지만 '디너'라는 단어는 원래 한낮이든 저녁이든 그날의 주요 식사라는 뜻을 지녔다. 이곳은 분자 요리로 유명한 미슐랭 3스타 〈팻 덕〉의 유명한 헤스톤 블루멘탈 셰프 레스토랑이다. 〈팻 덕〉이 런던에서 기차를 타고 가야 하는 브레이에 위치한 탓에 접근성이 떨어지는 반면 이곳은 런던 시내에 위치해 있다. 또한 〈팻 덕〉과 달리 재해석된 영국 전통 요리들을 내놓는다. 클래식한 요리들을 좋아하는 내 취향엔 이곳이 더 안성맞춤이었다.

이곳은 1999년 헤스톤 블루멘탈 사단에 합류하여 2001년에 수셰프로, 2003년에는 헤드 셰프로 승진한 데 이어 2008년 이 사단의 총괄 헤드 셰프로 승진한 애슐리 파머 와츠 셰프가 맡고 있는데, 2015년 미슐랭 가이드에서 2스타를, 2015년 월드 베스트 레스토랑 어워드에서 7위를 차지했다(물론 영국 잡지가 선정하는 만큼 영국의 식당에 유독 후한 점수를 주므로 순위는 별로 믿을 게 못 된다).

이날은 요리와 요리 사이 간격이 길었던 게 조금 아쉬웠는데 긴 기다림 끝에 받은 음식들은 아쉬움을 상쇄시켜줄 만큼 맛이 아주 훌륭했다. 특히 돼지 귀 라구 파이의 쫀득함과 깊은 풍미는 평생 못 잊을 것 같다. 요리하는 연출자로 유명한 이욱정 PD는 영국 요리가 원래부터 맛이 없는 게 아니라 산업화 시대를 거치면서 맛있던 요리들의 맥이 끊겼을 뿐이라고 했다. 과연 그전의 조리법을 복원한 영국의 맛은 충분히 경쟁력이 있어 보였다.

1. 잉글랜드의 탄산수 화이트홀 스프링스

2. 고지방의 소의 젖으로 직접 만든 유기농 버터

3. 초절임한 레몬과 펜넬 어린 완두콩 싹을 곁들인, 망치로 부드럽게 만든 문어 (1730년대 요리)

4. 엔초비와 양파, 파슬리, 수란을 곁들인, 돼지 귀를 졸여 만든 라구 파이 (1750년대 요리)

5. 키안티 클라시코 중 DOCG 등급을 받은 오랜 숙성을 거친 리제르바 레드 와인

6. 양배추, 양파, 훈제한 밤, 메추라기 즙으로 만든 소스를 곁들인 메추라기 구이 (1590년대 요리)

7. 독일 팔츠 지방에서 리즐링 품종으로 생산된 드라이한 화이트 와인

8. 록 삼피어, 배, 샬롯, 갈색 버터, 케이퍼 등을 곁들여 수비드*한 대구 구이 (1820년대 요리)

9. 구스베리와 장미, 캐러웨이를 등을 넣어 만든 타르트 (1800년대 요리)

10. 초콜릿과 바닐라 아이스크림을 곁들여 만든 천 겹 타르트 (1730년대 요리)

11. 식사 후 주어진 초콜릿 베린과 비스킷

• 수비드 : 식재료를 밀폐된 비닐에 담아 저온의 물속에서 오랜 시간 조리하는 방법. 식재료의 겉과 속이 골고루 익으며 육즙 등의 수분이 거의 빠져나가지 않는다는 장점이 있다

이곳의 진가는 다양한 식재료
헤롯

ⓘ 업체 정보	Harrods
◯ 업체 위치	87-135 Brompton Road, London, SW1X 7XL
⊙ 영업시간	월-토 10:00~20:00, 일 11:30~18:00
☺ 작가의 말	〈헤롯〉이 단순히 백화점인 줄 알았다면 큰 오산이다.

1849년 홍차 상인이었던 헤롯이 오픈한 작은 식료품점이었던 〈헤롯〉은 두 번의 세계대전을 겪고 나서야 백화점으로 변모했는데 여전히 그 뿌리에 걸맞게 식료품 코너가 화려하다. 다른 데서는 구하기 어려운 온갖 귀한 고급 식자재들을 손쉽게 구할 수 있다. 특히 헤롯이 원래 홍차 상인이었던지라 이곳의 홍차도 그 품질이 아주 뛰어나다.

한국에선 인터넷으로 주문해야 간신히 냉동으로 구할 수 있는 것들이 냉장으로 너무도 자연스레 있는 모습에 당황하지 말기를.

프리미엄 피시 앤 칩스
씨 쉘 오브 리손 그로브

①	업체 정보	The Sea Shell of Lisson Grove
◎	업체 위치	49-51 Lisson Grove, London, NW1 6UH
◎	영업시간	월-토 12:00~22:30, 일 휴무
◎	예약 방법	온라인 예약 http://www.opentable.co.uk 전화 예약 +44 20 7224 9000
£	가격	피시 앤 칩스 14.95파운드, 콜라 3.5파운드
☺	작가의 말	클래식한 피시 앤 칩스를 맛보려면 이곳으로.

1964년 문을 연 〈씨 쉘 오브 리손 그로브〉는 맛있는 전통 피시 앤 칩스를 팔기로 유명하다. 테이크아웃 가게와 레스토랑 두 곳이 있고, 같은 음식이어도 가격 차이가 조금 있다. 과연 그 맛이 명성대로 아주 괜찮았는데 이걸 먹어보니 전날 〈톰스키친〉의 요리는 확실히 세련되게 재해석된 음식임을 알 수 있었다. 같은 음식이지만 두 가게의 스타일은 확연히 달랐다. 뭐가 더 맛있을지는 개인의 취향에 따라 다를 것이다. 참고로 김정환 셰프의 런던 유학 시절 자취방이 이 식당 위에 있었다고 한다. 거칠고 투박하지만 전통적인 피시 앤 칩스가 궁금하다면 이곳이 그 궁금증을 풀어줄 것이다. 개인의 취향에 따라 다를 것이다.

DAY 14

월드 베스트 레스토랑 55위
클로브 클럽

① 업체 정보	The Clove Club
○ 업체 위치	Shoreditch Town Hall, 380 Old Street, London EC1V 9LT
⊙ 영업시간	화-토 12:00~22:00(브레이크타임 14:30~18:00), 월 18:00~22:00, 일 휴무
◎ 예약 방법	온라인 예약 http://www.opentable.co.uk 이메일 예약 reservations@thecloveclub.com 전화 예약 +44 20 7729 6496
ⓔ 가격	점심 코스 35파운드, 맥주 5~6파운드
☺ 작가의 말	영국 음식이 이렇게 맛있을 수 있다니. 완전히 반해버렸다.

현재는 문화예술공간으로 쓰이고 있는 쇼디치 구청에는 2015 월드 베스트 레스토랑 어워드에서 55위를 차지하고 미슐랭 1스타를 획득한 〈클로브 클럽〉이 자리하고 있다. 2013년에 문을 열었지만 오래된 건물에 있는 탓인지 인위적으로 만들 수 없는 어떤 고풍스러움과 늘 그곳에 있어온 것만 같은 느낌이 든다. 이곳은 영국 음식을 프렌치 기법으로 풀어냄과 동시에 북유럽 느낌을 가미했다.

실은 이날 감기몸살로 미각은 둔해지고 식욕은 없었으며 몸은 무거워 술은 자제하려 했다. 그러나 튀김류의 고소하고 바삭한 맛있는 음식을 먹다보니 결국 맥주를 시키고 말았다. 35파운드의 점심 코스를 먹었는데, 이렇게 맛있을 줄 알았으면 테이스팅 코스로 먹을걸 싶었다. 맛있었다고 엄지를 치켜세웠더니 숙성실을 구경시켜주었다. 주렁주렁 매달린 돼지 뒷다리들이 '다음에 오면 우리도 먹어봐!'라고 손짓하는 듯했다. 다음엔 맥주와 간단한 안주류 먹으러도 한번 와봐야겠다.

1. 녹색 자두 케첩을 곁들인 야생 비둘기 소시지

2. 제철 과일들을 올린 한입 거리 스낵

3. 버터밀크를 발라 튀긴 치킨과 송엽. 맥주를 부르는 맛이란 이런 맛이다.

4. 〈Great British Beer Festival〉에서 1998년에 우승을 차지한 영국 에일 맥주 블루버드 비터

5. 뼈를 제거하고 바삭하게 튀긴 닭발 껍질

6. 간장 소스를 바른 생선 머리 튀김

7. 닭의 지방을 정제하여 만든 소스 슈말츠. 튀김을 찍어 먹기 좋았다

8. 직접 구운 빵과 버터. 서비스 테이블에 놓고 계속 썰어서 주었는데 담백하고 맛있었다

9. 돼지 귀, 피, 기름 등에 오트밀 등을 넣어 만드는 스코틀랜드식 소시지, 블러드 푸딩

10. 콜라비를 얹은 날개 다랑어 타르타르

11. 뮌헨에서 가장 오래된 맥주 회사 아우구스티너에서 만든 독일 라거 맥주인 에델슈토프

12. 바질과 토마토를 곁들인 영국 콘월 지방에서 잡은 오징어

13. 맛보라고 내어준 생선. 뼈가 많아 먹기 불편했다

14. 메인 요리가 시작되기 전에 손 씻으라고 내어준 레몬 물. 그렇다. 지금까지가 전식이었다!

15. 육즙 소스를 곁들인 헤리퍼드 종 소의 우둔살, 감자, 파슬리, 서양 고추냉이 요거트

16. 바질 소스를 곁들인 영국 콘월 지방에서 잡은 달고기와 주키니 호박

17. 곡물 가루를 곁들인 메도스위트 잎, 커스터드 아이스크림, 라즈베리

18. 이탈리아 아말피산 레몬으로 만든 레모네이드와 말레이시아 사라와크산 후추 아이스크림

런던 최고의 커피
먼마우스

① 업체 정보	Monmouth Coffee	
○ 업체 위치	2 Park Street, London, SE1 9AB	
⊙ 영업시간	월-토 07:30~18:00, 일 휴무	
ⓔ 가격	에스프레소 1.35파운드, 카페라테, 카푸치노 2.35파운드	
☺ 작가의 말	맛이 좋은데다 생산자들에게 고루 돌아갈 수익을 생각하면 기분이 좋다.	

1978년 코벤트 가든 인근의 세븐 다이얼즈에 첫 가게를 연 로스팅 카페 〈먼마우스〉는 세계 각국의 커피 산지를 돌며 질 좋은 생두들을 직접 고르고 생산자에게 노동에 대한 정당한 가격을 지불하여 들여오는, 흔히 착한 카페라 부르는 공정무역 카페이다. 총 17곳의 농장과 직거래를 하고 있는데 각각 어느 농장과 거래중인지, 그 농장은 어떠한 곳이고 원두의 특징은 어떠하며 어떻게 재배되고 누가 재배하는지까지 모두 공개하여 투명성을 높였다. 〈버로우 마켓〉에는 2001년에 분점을 열었는데 어찌나 인기가 많은지 한참 줄을 서야 했다. 하지만 열린 공간에 널리 퍼지는 깊은 커피 향에 줄을 서 있는 동안 지루하거나 짜증나기는커녕 무얼 마실까 고민하느라 들떴다. 원두를 구입하는 사람들도 많았으나 난 지금 당장 마실 것이 필요했으므로 아이스 에스프레소를 주문했다. 정직한 향이 살아 있다.

런던에서 가장 오래된 시장
버로우 마켓

① 업체 정보	Borough Market
○ 업체 위치	8 Southwark St, London SE1 1TL
⊙ 영업시간	월-목 10:00~17:00, 금 08:00~18:00, 토 08:00~17:00, 일 휴무
☺ 작가의 말	시장은 모름지기 이래야 한다. 반할 수밖에 없는 매력적인 시장.

1276년에 문을 연 런던에서 가장 오래된 시장인 〈버로우 마켓〉이 있다. 입구에서부터 대형 솥에 요리중인 음식들이 흥미로웠는데 안으로 들어서니 중개상을 거치지 않고 농부가 자기 밭에서 기른 채소들을 직접 팔고 있었다. 블랙 푸딩을 파는 육가공품점은 물론, 송로버섯, 숙성 치즈, 다양한 종류의 머스터드까지. 그야말로 없는 게 없는 식자재 천국이었다. 런던의 요리가 크게 발전한 데에는 셰프들의 노력뿐만 아니라 잘 갖춰진 환경도 한몫했나보다.

DAY 15

영국 왕실에 납품되는 영국 대표 홍차
포트넘 앤 메이슨

① 업체 정보	Fortnum & Mason	
○ 업체 위치	181 Piccadilly, London, W1A 1ER	
⊙ 영업시간	월–토 10:00~20:00, 일 12:00~18:00	
◎ 예약 방법	에프터눈 티를 즐기려면 온라인 예약 http://www.opentable.co.uk	
£ 가격	에프터눈 티 세트 40파운드대, 홍차티백 4~6파운드	
☺ 작가의 말	영국 왕실에서 어떤 차를 마시는지 궁금하다면 지갑을 여시지요.	

1707년에 윌리엄 포트넘과 휴 메이슨이 공동으로 설립한 〈포트넘 앤 메이슨〉은 1761년 윌리엄 포트넘의 손자 찰스가 운영하던 때에 영국 왕실에 차를 납품하기 시작하면서 영국 대표 홍차로 자리매김했다. 셀 수도 없을 만큼 다양한 종류의 홍차에 입이 떡 벌어졌고 향을 맡을 수 있게 해놓은 것들의 뚜껑을 열었을 땐 확 퍼지는 그 강력한 향이 나의 막힌 코를 힘껏 뚫고 들어와 깜짝 놀랐다. 이곳에서 놀란 것은 비단 홍차뿐만이 아니었다. 지하에는 온갖 고급 식료품들이 가득했고 위에는 기품이 넘치는 레스토랑과 살롱, 바 등이 자리해 있었다. 홍차를 즐기지 않아서 에프터눈 티 일정을 뺐는데, 만약 즐길 곳을 하나 정하라면 이곳이 좋았겠다. 높은 인지도만큼 가격도 놀라웠다. 개인적으로는 1886년에 오픈한 〈위타드 오브 첼시〉의 것도 아주 좋아한다.

미슐랭 2스타 레스토랑
더 스퀘어

① 업체 정보	The Square	
○ 업체 위치	6-10 Bruton Street, London, W1J 6PU	
⊘ 영업시간	월-토 12:00~22:00(브레이크타임 14:30~18:30), 일 18:00~22:00	
◎ 예약 방법	온라인 예약 http://www.opentable.co.uk	
ⓔ 가격	2코스 32.5파운드, 3코스 37.50파운드(12.5% 서비스 차지)	
☺ 작가의 말	짧은 점심 코스를 먹고도 맛있어서 자지러졌는데 긴 테이스팅 코스를 먹는다면?	

〈더 스퀘어〉는 1991년에 필립 하워드 셰프가 문을 연 레스토랑으로 1998년 미슐랭 2스타를 획득한 이래 계속해서 별을 유지해오고 있다.

문을 열고 들어서자 펼쳐지는 세련된 갤러리 같은 분위기에 예사로운 곳은 아니겠다 싶었다. 보통 만족스런 식당이라 하더라도 코스에서 한두 가지쯤은 아쉬운 메뉴가 있을 법도 한데 이곳은 달랐다.

전식으로 나온 가지를 보고는 처음엔 당황했으나 한입 베어 물어보고 '아차, 내가 가지를 무시했구나! 가지가 이렇게나 맛있는 식재료였다니!'라고 느꼈고 속이 꽉 찬 라비올리는 감히 라비올리의 끝판왕이라고 부를 만했다.

대구는 겉모습을 보고는 익은 게 맞나 의심했지만 포크로 살짝 누르니 완벽하게 익어 결대로 찢어졌으며 입안에서 사르르 녹아 없어질 정도로 부드럽고 환상적이었다. 젖먹이 송아지는 부드럽고 쫄깃한 식감이 좋았다. 이쯤 되면 디저트에서 실망을 안겨줘도 괜찮을 법한데 디저트는 또 어찌나 상큼하고 달콤한지. 이날의 점심은 돈이 전혀 아깝지 않은 인생 최고의 식사 중 하나였다.

1. 스코틀랜드의 탄산수 스페이사이드 글렌리벳

2. 빵에 발라 먹는 버터. 가염버터와 무염버터

3. 식사와 곁들여 먹는 두 가지 종류의 빵

4. 돼지고기로 속을 채운 작은 사이즈의 크로켓과 치커리

5. 4와 같은 크로켓과 치커리

6. 염소의 커드*로 재워 요리한 시칠리아산 가지와 올리브

7. 삶은 상추와 랑구스틴, 관자, 랍스터 그리고 시칠리아산 레몬 등으로 속을 채운 라비올리

8. 프랑스 남서부의 미디피레네 주 가이약에서 생산된 AOC 등급의 화이트 와인

9. 갑오징어와 다시마로 우려낸 소스와 강낭콩, 일본 버섯을 곁들인 저온 조리한 대구

10. 세몰리나*로 만든 뇨끼, 당근과 순무 그리고 수비스*를 곁들인 젖먹이 송아지의 어깻살

11. 장미 젤리를 곁들인 라벤더 크림과 데친 복숭아

12. 구운 블랙커런트를 곁들인 제철 과일 아이스크림과 레몬 버베나로 만든 레몬에이드

13. 트러플 초콜릿

14. 체리

- 커드 : 우유가 산에 의해 응고된 것
- 세몰리나 : 듀럼 밀로 만든 밀가루
- 수비스 : 화이트 소스에 양파와 크림을 약간 넣어 만든 소스

파리

DAY 16

비스트로노미란 이런 것
셰 미셸

ⓘ 업체 정보	Restaurant Chez Michel
📍 업체 위치	10 Rue de Belzunce, 75010 Paris
⏱ 영업시간	화–금 11:45~00:00(브레이크타임 14:00~18:45), 월요일은 저녁 영업, 토–일 휴무
📞 예약 방법	+33 1 44 53 06 20
€ 가격	점심 코스 29유로, 저녁 코스 35유로
☺ 작가의 말	과연 비스트로노미를 대표하는 식당 중 하나로 꼽힐 만하다.

북역 인근에는 티에리 브르통 셰프의 〈셰 미셸〉이라는 비스트로노미 식당이 있다. 그는 〈리츠〉, 〈로얄〉 등의 고급 호텔 레스토랑들은 물론 파리에서 가장 오래된 레스토랑인 〈라 투르 다르장〉 등의 미슐랭 스타 레스토랑들에서 일했다. 그가 내놓을 음식들이 얼마나 맛있을지 기대가 되는 건 당연지사. 나도 몰랐는데 이날 같이 식사한 사람이 날 유심히 관찰하더니 "맛있는 음식 드시니까 온몸을 떠시네요"라고 했다. 그랬다. 정말로 온몸에 전율이 일었다. 지금껏 맛있는 음식들을 계속 먹어왔지만 역시 프랑스 요리는 차원이 달랐다. 35유로의 코스 요리가 이렇게나 맛있다니!

1. 식사와 곁들여 먹는 빵. 역시 빵은 프랑스가 최고야, 빵부터 달라!

2. 어뮤즈 부쉬로 나온 고동과 디종 머스터드. 하나씩 빼먹는 게 묘미!

3. 식욕을 돋울 식전주 키르 로얄(샴페인+크렘 드 카시스)

4. 프랑스 탄산수 샤테르돈*

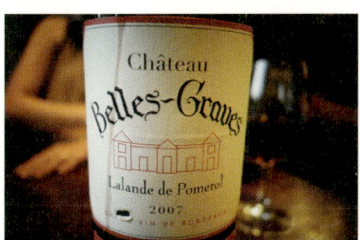

5. 프랑스 보르도의 라랑드 드 뽀므롤에서 생산된 AOC등급의 레드 와인

6. 토마토, 멜론, 딸기 등의 과일로 만든 과일 샐러드

7. 비둘기 빠떼

8. 아보카도와 패션프루트를 곁들인 관자와 참치 세비체*

9. 브르타뉴 지방의 흰색 콩을 곁들인 새끼 돼지 요리(이곳 셰프는 브르타뉴 출신)

10. 잘게 썰어 버터에 구운 양 내장

11. 가지 퓨레를 곁들인 아귀 요리

12. 딸기를 곁들인 밀푀유

13. 할머니의 레시피로 만든 쌀푸딩

14. 살구로 만든 잼

15. 레몬 버베나로 만든 아이스크림과 초콜릿 그리고 라즈베리

16. 식사를 마무리짓는 에스프레소!

- 샤테르돈 : 태양왕 루이 14세가 즐겨 마셨기에 그를 상징하는 태양 로고를 지녔다
- 세비체 : 페루에서 유래한 음식으로 흰살 생선, 새우, 오징어, 조개 등을 소금과 식초에 절여 탄력 있고 투명하게 만든 후 레몬즙이나 고추 등을 버무린 것

파리 미슐랭 2스타 레스토랑
를레 루이 트레즈

① 업체 정보		Relais Louis XIII
♀ 업체 위치		8 Rue des Grands Augustins, 75006 Paris
⌄ 영업시간		화-토 12:15~22:30(브레이크타임 14:30~19:30), 일-월 휴무
◎ 예약 방법		+33 1 43 26 75 96
€ 가격		점심 코스 55유로, 저녁 코스 85유로, 테이스팅 메뉴 135유로
☺ 작가의 말		프랑스 정통 코스 요리의 세계로 당신을 안내합니다.

마뉴엘 마르티네즈 셰프는 1985년 〈를레 루이 트레즈〉에서 미슐랭 2스타를 땄고 1986년에는 국가가 인정한 각 분야의 프랑스 최고 장인 MOF(Meilleurs Ouvriers de France)를 취득하였으며 1987년에는 미슐랭 3스타 레스토랑 〈라 투르 다르장〉을 이끌었다. 십여 년을 그곳에서 보낸 그가 다시 〈를레 루이 트레즈〉로 돌아와 2001년부터 미슐랭 2스타를 유지해오고 있다. 이곳의 이름은 1610년 루이13세가 자신이 프랑스의 왕임을 선포한 장소에서 비롯되었다.

자리에 앉자 마뉴엘 마르티네즈 셰프가 나타나 맛있게 즐기라며 인사를 건네주어 기절할 뻔했다. 1953년생으로 육십 줄에 접어드신데다 사실 이 정도의 대가들은 직접 주방을 지키진 않곤 하는데 참으로 영광이 아닐 수 없었다.

이곳의 소믈리에는 일본인이었는데 음식과 와인을 어찌나 잘 짝지어주던지 훌륭한 음식에 그가 추천해준 와인까지 곁들이니 입안에서 황홀함이 팡팡 터져댔다. 이 레스토랑은 1961년에 오픈했는데 그전에는 길 건너 살던 피카소가 즐겨찾던 카페 〈샤르봉〉이었다고 하니 참 파리는 파리답구나 생각했다.

지금껏 즐겨왔던 가스트로노미들과 비교를 하자면 이곳의 요리는 확실히 묵직했다. 요즘 유행하는 가볍고 세련된 요리들과 비교하자면 촌스럽다고 여겨질지 모르겠지만 이런 요리들이 오랜 기간에 걸쳐 다져지고 또 다져져 하나의 클래식으로 자리잡은 데에는 다 이유가 있다고 생각한다. 심지어 샐러드조차 프랑스 전통 방식대로 본식 후에 내놓는 고집이 바로 이곳의 매력이 아닐까. 안타깝게도 2015년 미슐랭 가이드에서는 별 하나를 잃어 1스타로 강등되었다.

1. 환영의 의미로 내준 치즈를 넣은 과자, 구제흐

2. 식전주로 주문한 로제 샴페인

3. 식사와 곁들여 먹는 두 가지 종류의 빵

4. 버섯으로 만든 어뮤즈 부쉬

5. 버섯을 넣어 만든 무슬린*을 곁들인 농어 끄넬*

6. 그물버섯 크림을 곁들인, 푸아그라와 브르타뉴 지방의 바닷가재를 넣어 만든 라비올리

7. 파리지앵 스타일로 요리한, 브르타뉴 서쪽에 위치한 이우 섬에서 잡은 큰 게

8. 화이트 와인을 넣은 육즙을 곁들인, 구운 송아지 흉선과 버터에 구운 지롤 버섯

9. 프랑스 남부 루씨용 지방의 콜리우르에서 생산되는 AOC 등급의 레드 와인

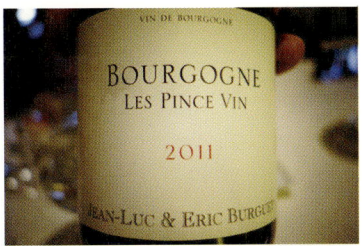

10. 프랑스 부르고뉴 지방에서 피노 누아* 품종으로 만든 레드 와인

11. 제철 채소들을 곁들인, 브르타뉴 지방 샬랑 마을의 새끼 오리. 이곳 셰프의 대표 요리

12. 숙성 꽁떼 치즈에 절인 얇고 넓적하게 썬 감자 요리(샬랑 새끼 오리와 같이 먹는다)

13. 샐러드. 프랑스에서는 본식 후에 샐러드를 먹는다

14. 본 디저트 전에 나오는 프리 디저트

15. 망고와 아보카도로 만든 작은 사이즈의 타르트와 레몬과 바질로 만든 셔벗

16. 초콜릿을 넣어 만든 수플레*

17. 마다가스카르의 부르봉에서 생산되는 바닐라로 만든 바닐라 아이스크림

18. 가벼운 부르봉 바닐라 크림을 넣은 밀푀유

19. 식사 후 제공되는 한입 사이즈의 작은 과자

20. 에스프레소

- 무슬린 : 홀랜다이즈에 생크림을 섞은 소스
- 끄넬 : 자반이나 고기에 달걀이나 크림을 넣어 부드럽게 만들어 양념한 덤플링
- 피노 누아 : 레드 와인에 주로 쓰이는 품종
- 수플레 : 달걀흰자로 만드는 디저트로, 위로 부풀어 오른 형태가 특징

파리 최고의 아이스크림 가게
베르티옹

ⓘ 업체 정보	Berthillon	
◯ 업체 위치	31 Rue Saint-Louis en l'Île, 75004 Paris	
ⓥ 영업시간	수–일 10:00~20:00, 월–화 휴무	
€ 가격	2.5유로(1스쿱), 4유로(2스쿱)	
☺ 작가의 말	파리에서 베르티옹을 보지 못했다면 그건 파리를 여행한 게 아니야!	

1954년에 레몽 베르티옹이 오픈한 〈베르티옹〉은 이견의 여지 없이 파리 최고의 아이스크림 가게로 꼽힌다. 가게는 하나인데 파리 시내에 '베르티옹'이 곳곳에 붙어 있어 많이들 '가짜'를 다녀왔다고 분통해하곤 하는데, 사실 그건 이곳에서 아이스크림을 납품받아 쓴다는 뜻이라 꼭 가짜인 것만은 아니다. 물론 이곳이 가장 많은 종류의 아이스크림을 취급하므로 기왕이면 이곳으로. 다만 카드는 받지 않는다. 실은 2011년에 여기서 엎어지면 코 닿을 거리에 살았다. 그래서 이 가게가 있는 생루이 섬 자체에 애착이 참 크다!

평화 다방에서 만나요
카페 드 라 페

ⓘ 업체 정보	Café de la Paix
📍 업체 위치	5 Place de l'Opéra, 75009 Paris
⏰ 영업시간	월-일 07:00~00:00
€ 가격	커피 4.42유로, 핫 초콜릿 7유로, 타르트 2개 4유로
🙂 작가의 말	서울에는 학림 다방, 파리에는 평화 다방!

부모님이 파리에 오신다고 하여 오페라 역으로 마중 나갔다. 시간이 좀 남아 정류장 인근의 〈카페 드 라 페(평화 다방)〉에 들어섰다. 1862년에 문을 연 역사 깊은 이 카페는 오페라 가르니에를 설계한 가르니에가 설계했다. 커피 가격이 다소 비싼데도 오페라 가르니에 앞에서 약속이 있으면 이곳에 가는 걸 좋아했는데, 거기에는 가르니에를 향한 어떤 경외심 같은 것이 있었으리라.

테라스를 두리번거리다가 자리가 없어 혼자 앉아 있던 한국 여자에게 다가가 동석해도 되는지 물었고 승낙을 얻어 마주앉았다. 그러고 보니 이름도 안 물어봤네.

클래식한 프렌치 요리
샤르티에

ⓘ **업체 정보**	Le Bouillon Chartier
◯ **업체 위치**	7 Rue du Faubourg Montmartre, 75009 Paris
⊘ **영업시간**	월–일 11:30~22:00(라스트 오더)
€ **가격**	전통 요리 10유로 내외
☺ **작가의 말**	이곳의 정신없고 분주한 모습이 좋다. 맛집이라 보긴 어려워도 기본은 한다.

부모님을 모시고 1896년에 문을 연 〈샤르티에〉로 갔다. 10유로 안팎의 가격에 전통 요리들을 맛볼 수 있는 곳으로 아르누보 양식의 실내 인테리어가 인상적이다. 부모님 세대의 환상을 충족시켜드리고자 에스까르고를 골랐다. 에스까르고란 식용으로 키우는 달팽이로 큼직한 사이즈의 헬릭스 포마티아 종이 주로 쓰인다. 이들은 포도나무 잎을 먹고 자라기에 유명 와인 산지인 부르고뉴나 샹파뉴 것이 품질이 좋다.

고기가 빠지면 섭섭하니 오리 꽁피도 주문했다. 주문을 마치자 서버가 테이블 커버에 쓱쓱 주문서를 적고는 김밥천국 빰치는 속도로 요리들을 내왔다. 식사 후 계산을 요청하자 서버는 다시 테이블 커버에 가격을 쓱쓱 적어 보여주었다. 이런 격식 없는 모습, 매력적이야!

1. 식사와 곁들여 먹는 빵

2. 마늘과 함께 버터에 볶고 다진 파슬리를 뿌린 달팽이 요리 에스까르고

3. 비아제 소스를 곁들인 도미 구이

4. 알감자를 곁들인 오리 꽁피*

• 꽁피 : 고기를 그 자체의 지방만으로 천천히 조리하는 방법

`DAY 17` 생말로 여행

브르타뉴 대표 MOF
메종 라흐니콜

ⓘ 업체 정보	Maison Larnicol
◯ 업체 위치	6 Rue Saint-Vincent, 35400 Saint-Malo
ⓢ 영업시간	월-일 09:30~19:00
€ 가격	마카롱 100g당 5유로(개당 0.7유로 정도)
☺ 작가의 말	브르타뉴 지방에선 반드시 쿠안 아망을 먹어줘야 한다.

생말로에는 초콜릿으로 MOF를 받은 조르주 라흐니콜의 〈메종 라흐니콜〉이 있다. 응당 초콜릿을 사 먹어봐야 할 것 같지만, 이곳엔 브르타뉴 지방 명물 '쿠안 아망'이 인기다. 이는 브르타뉴어로 버터케이크라는 뜻이다.

1860년 두아르느네즈에서 빵집을 운영하던 이브-르네 스코르디아 씨가 개발하여 브르타뉴 전역에 퍼진 이 빵은 쿠안 아망이라는 이름에서부터 알 수 있다시피 엄청난 양의 버터에 설탕까지 넣어 굉장히 고소하고 달달하다. 야금야금 떼어먹었는데 손에 버터가 엄청나게 묻었다. 살찔까 걱정되는 악마 같은 맛이지만 손에서 놓을 수가 없다.

여기는 특이하게 마카롱의 무게를 달아 100g당 5유로에 판매한다. 6개를 골랐더니 86g이 나와 4.3유로를 냈다. 그러니 개당 0.7유로(약 천 원)쯤. 브르타뉴 지방에서 시작된 이 가게는 현재 프랑스 전역에 분점을 두고 있다.

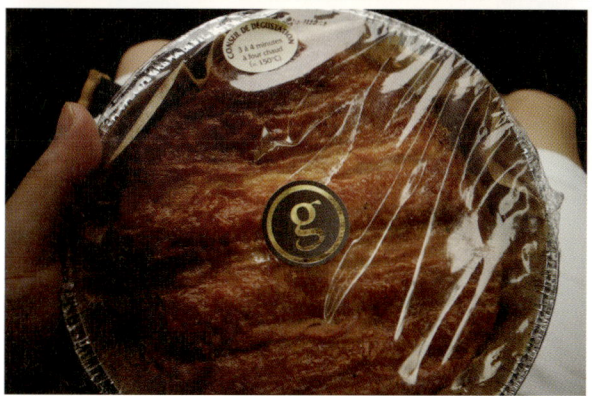

생말로 미슐랭 1스타
르 샬루

ⓘ 업체 정보	Le Chalut
📍 업체 위치	8 Rue de la Corne de Cerf, 35400 Saint-Malo
🕐 영업시간	수–일 12:15~21:15(브레이크타임 13:15~19:15), 월–화 휴무
📞 예약 방법	전화 예약 +33 2 99 56 71 58
€ 가격	점심 코스 28유로
😊 작가의 말	동네 할아버지 할머니들이 즐겨찾는 곳이니 말 다했다.

〈르 샬루〉는 해산물로 유명한 브르타뉴의 색깔을 잘 보여준다. 파리의 〈리츠〉, 〈르두아앵〉 등의 미슐랭 3스타 레스토랑들에서 20여 년을 보내고 돌아온 실력자인 이곳의 셰프는 28유로의 합리적인 점심 코스를 운영하고 있다. 생말로답게 식사와 곁들여 먹는 빵에는 생말로에서 생산되는 유명한 고급 버터인 보르디에 버터가 나온다.

파리의 세련된 곳들과 달리 다소 올드하고 무겁지만, 대신 정말 배부르게 나설 수 있다. 사실 식당의 기본은 손님이 맛있게 배불리 먹고 나가게 하는 것이 아닐까. 요즘 식당들의 요리들은 예쁜데 참 배가 안 찬다. 어뮤즈 부쉬로 연어가 나올 줄 알았으면 본식으로 시드르로 만든 비네거를 곁들인 아귀를 고를걸.

1. 보르디에 버터

2. 연어 리예뜨*와 토마토 가스파초

3. 캉칼산 굴

4. 유기농으로 훈제한 연어와 브르타뉴의 염소젖으로 만든 신선한 치즈, 아스파라거스

5. 제철 채소와 허브를 넣어 만든 버터 소스를 곁들인 어린 대구 구이와 으깬 헤이즐넛과 감자

6. 제철 과일들로 만든 상큼한 디저트

• 리예뜨 : 고기를 잘게 잘라 지방과 함께 뭉근하게 삶은 요리

즉석에서 만들어주는 크레이프 수제트
카페 드 뤠스트

ⓘ 업체 정보	Café de L'Ouest – Maison Hector
◯ 업체 위치	4 Place Chateaubriand, 35400 Saint-Malo
⊙ 영업시간	월–일 07:00~01:00
€ 가격	크레이프 4~7유로, 즉석에서 만드는 크레이프 수제트 10유로
☺ 작가의 말	밀과 설탕으로 만들어 디저트로 먹으면 크레이프, 메밀과 소금으로 만들어 식사로 먹으면 갈레트. 구분하기 참 쉽죠?

크레이프로 유명한 브르타뉴에서 이것을 먹지 않으면 섭섭하다. '즉석에서 만드는 크레이프 수제트(Crêpe Suzette en live)'를 주문하자 종업원이 버너를 가져와 즉석에서 크레이프를 만들고 코냑에 오렌지 향을 가미한 혼성주 그랑 마니에르를 부어 불을 붙여준다. 이렇게 완성된 크레이프에 사과주 시드르를 곁들이면 이것이 바로 환상 궁합!
참고로 이 시드르를 증류한 것이 바로 칼바도스이다.

DAY 18

프랑스식 아침식사
라 로통드

- ⓘ **업체 정보**   La Rotonde
- 📍 **업체 위치**   105 Boulevard du Montparnasse, 75006 Paris
- ⓥ **영업시간**   월–일 07:30~01:00
- € **가격**   5유로~15유로, 아침식사는 4가지 세트가 있다.
- ☺ **작가의 말**   〈라 쿠폴〉, 〈르 돔〉, 〈르 셀렉트〉와 함께 몽파르나스 4대 카페로 불린다.

1911년에 빅토르 리본이 문을 연 〈라 로통드〉에서는 화가들에게 카페 손님을 대상으로 구걸하는 것을 허용했는데, 당시 가난했던 모딜리아니가 카페 손님들의 초상화를 그려 생계를 유지했다고 한다. 피카소 또한 이 카페를 그려 〈At the Café de la Rotonde or L'Hippodrome〉라는 작품을 남겼다. 오늘은 그들을 생각하며 아침식사를 하기로 했다. 프랑스에서는 아침식사를 '작은 점심'이라는 뜻의 '프티 데죄네'라 부르며 간단히 빵과 커피 등을 먹는다.

모딜리아니가 그렸다는 초상화들. 물론 가게에 있는 것들은 모조품이다

바게트

더블 에스프레소

크루아상

초콜릿 크레이프

성에서 즐기는 프렌치
르 자르댕 레 크레이에

ⓘ 업체 정보	Le Jardin Les Crayères
◉ 업체 위치	64 Boulevard Henry Vasnier, 51100 Reims
⊙ 영업시간	월–일 12:00~22:00(브레이크타임 14:00~19:00)
◉ 예약 방법	온라인 예약 http://www.lescrayeres.com 이메일 예약 contact@lescrayeres.com 전화 예약 +33 3 26 24 90 00
€ 가격	코스 31유로
☺ 작가의 말	영화에서나 볼 법한 낭만적인 식사 그리고 환상적인 맛.

파리에서 차로 약 2시간여를 달려 상파뉴 지역에 도착했다. 한때 모나코 군주 그리말디 가문의 사촌인 폴리냐크 공작가 소유의 저택이었던 도멘 레 크레이에에 들렀다. 매력적인 호텔 1위에 선정된 호텔에 있는 레스토랑은 2009년 보퀴즈 도르에서 동메달을 받았고, 2011년엔 MOF가 된 필립보 밀 셰프가 이끌고 있다. 〈르 프레 카트랑〉, 〈리츠〉, 〈르 뫼리스〉 등의 미슐랭 3스타 레스토랑들을 거치며 가스트로노미의 진수를 익힌 그의 〈파르크 레 크레이에〉는 2014 미슐랭 가이드에서 2스타를 받았다. 하지만 여름휴가로 문을 닫은 탓에 이 성의 정원에 위치한 조금 편안한 분위기의 브라쓰리 〈르 자르댕 레 크레이에〉로 갔다.

싱그러운 여름날 멋진 정원의 식사는 정말로 근사했다. 3코스로 펼쳐지는 31유로의 점심을 즐겼는데 여느 미슐랭 레스토랑 못지않게 훌륭했다. 그중 압권은 토끼 지불로뜨. 한국에선 토끼가 흔한 식재료가 아니지만 프랑스에선 어느 정육점에서나 볼 수 있는 재료이다. 귀여운 토끼를 떠올리면 미안하지만 쫄깃한 육질이 끝내줬다. 소스도 너무 맛있어 빵에 찍어서 싹싹 긁어먹었다. 이곳의 레스토랑들에서 쓰이는 허브와 채소 등은 이곳 정원에서 모두 직접 길러서 쓰고 있다.

나중에 돈 많이 벌면 언젠가 이런 호텔에서 하룻밤 지내볼지도!

1. 식사와 곁들여 먹는 빵

2. 이탈리아 탄산수 산 펠레그리노

3. 토마토 가스파초

4. 정어리 에스카베슈*

5. 토끼 넓적다리 지불로뜨*

6. 감자

7. 바질 잎을 곁들인 지중해산 쏨뱅이* 구이

8. 샐러드

9. 바닐라를 넣어 만든 크렘 브륄레*

10. 레몬 머랭 타르트

- 에스카베슈 : 생선의 머리를 잘라내고 초절임한 것, 지중해 도시들에서 유래된 조리법이다
- 지불로뜨 : 백포도주에 베이컨, 양파를 넣고 약한 불에 끓인 토끼 스튜
- 쏨뱅이 : 부야베스에 많이 쓰이는 생선
- 크렘 브륄레 : 달걀노른자와 우유 혹은 생크림 그리고 설탕 등을 섞어 만드는 커스터드 크림 위에 얇은 캐러멜 층이 있는 디저트

샴페인 마을 에페르네
메르시에

① 업체 정보	Caves Mercier
○ 업체 위치	68-70 Avenue de Champagne, 51200 Epernay
⊙ 영업시간	월-일 09:30~16:00(브레이크타임 11:00~14:00)
◉ 예약 방법	10명 이상일 경우 사전 예약 http://www.champagne-mercier.fr
☺ 작가의 말	양조장에서 투어를 받아도 되고 까브에서 와인만 구입하는 것도 가능하다. 까브에서 파는 와인은 한국의 와인 할인점에서 파는 가격의 대략 반값이다.

랭스에서 샴페인 가도를 따라 〈모엣샹동〉, 〈메르시에〉(현재는 두 곳 모두 명품 그룹 LVMH 산하에 있다) 등 세계 최고를 다투는 샴페인들의 양조장과 까브가 있는 에페르네로 향했다. 에페르네로 가는 이 도로는 미슐랭 그린 가이드에서 별 3개를 부여한 샹파뉴 지역의 유명 도로 중 하나다. 도로를 달리는 내내 양옆으로 드넓게 펼쳐진 포도밭의 절경에 정말 혼이 쏙 빠졌다. 거기에 더해 내리쬐는 햇살과 시원한 바람은 내가 샹파뉴에 있음을 실감하게 했다.

이곳엔 유명 양조장 외에도 여러 양조장들이 위치해 있어 우선 유명한 〈메르시에〉를 먼저 들른 후 뭔가 새로운 곳을 찾아보고자 〈샤를 에르네〉라는 곳도 들렀는데, 나를 본 직원이 국적을 묻더니 한국인은 처음이라며 신기해했다. 그렇게 나는 〈샤를 에르네〉를 방문한 최초의 한국인이 되었다.

▼ 잠깐! 스파클링 와인과 샴페인

흔히들 기포 있는 와인을 뭉뚱그려 샴페인이라 부르곤 하는데 잘못된 표현이다. 스파클링 와인 중 오직 이 샹파뉴 지역의 와인만을 샴페인이라고 부를 수 있다. 샴페인은 샹파뉴의 영어식 발음이다. 프랑스 내에서도 샹파뉴 지역 외에서 만들어지는 스파클링 와인들은 샴페인이라는 표현 대신 크레망이라 부른다.

프랑스 내 샴페인 점유율 1위 업체인 메르시에 양조장 투어 입구의 오크통과 부티크

▼ 잠깐! 미슐랭 그린 가이드는 무엇인가요?

미슐랭이라는 말 때문에 흔히들 미식 잡지로 유명한 미슐랭 레드 가이드와 혼동하곤 하는데 이 둘은 미슐랭(영어식 발음은 미쉐린) 타이어 회사에서 출간하는 책이긴 하나 엄연히 다르다. 레드 가이드는 호텔과 레스토랑을 평가하는 책인 반면, 그린 가이드는 여행지를 소개하는 책이다. 호텔과 레스토랑을 소개하기는 하지만 그보다는 여행지를 소개하는 것이 주목적이다. 한국에선 아직 레드 가이드가 발간되지 않았고 그린 가이드만 2011년에 발간된 상태이다. 따라서 국내의 식당들이 미슐랭 가이드에 올랐다며 홍보하는 것은 동명의 미슐랭 레드 가이드의 명성을 이용하는 사기 아닌 사기인 셈이다. 마찬가지로 '미슐랭 가이드에 올랐다고 해서 가봤는데 별로더라'라며 비난하는 것 또한 오해에서 비롯된 평가이다.

라스트 오더 전에
레 코코트 드 콩스탕

ⓘ 업체 정보	Les Cocottes de Constant
◯ 업체 위치	135, rue Saint-Dominique, 75007 Paris
ⓢ 영업시간	월-일 12:00~22:30(브레이크타임15:30~18:30), 금-토는 23:00까지
€ 가격	점심 2코스 23유로, 3코스 28유로, 본식 10~30유로
☺ 작가의 말	요리가 코코트(무쇠 주물)에 담겨 나오는 것이 특징. 오래도록 따뜻하게 즐기라는 배려일 것이다.

〈르두앵〉, 〈리츠〉 등을 거쳐 크리용 호텔의 〈르 엠베서더〉를 미슐랭 2스타로 이끌었던 크리스티앙 콩스탕 셰프가 만든 세컨 레스토랑 〈레 코코트〉는 편안한 분위기에서 맛있는 음식을 맛볼 수 있는 곳이다. 예약을 받지 않으므로 오픈 시간에 맞춰가거나 아예 늦게 가는 게 좋다.

파리 〈셰 미셸〉의 티에리 브르통 셰프나, 내가 파리에서 가장 좋아하는 비스트로 〈르 콩투아 뒤 를레〉의 이브 캉드보르드 셰프 그리고 윤화영 셰프의 요리 스타일에 큰 영향을 미쳤다고 알려진 장 프랑수와 피에주 셰프까지 모두 그의 제자다. 현재 그는 프랑스 내 최고 인기인 요리 서바이벌 프로그램 〈탑 셰프〉의 심사위원으로도 활동하고 있으니 그야말로 프랑스 요식업계에서 손꼽히는 인물이다.

파리에 늦게 돌아온 탓에 라스트 오더 시각을 넘길까 걱정되어 급하게 뛰어갔는데 10시가 막 넘어가고 있었다. 도착하자마자 주문이 되는지 다급하게 물었는데 직원은 시간을 보더니 가능하기는 한데 대신 빨리 주문하라고 했다.

마음이 급해 묻지도 따지지도 않고 오늘의 요리를 주문했다. 다음에 들어온 손님부터는 주문이 안 된다고 하는 걸 보니 라스트 오더 시각에 딱 맞춰 "세이프!"를 외친 듯하다.

재료가 돼지라는 것만 듣고 주문했는데, 세상에! 어찌나 맛있던지 게 눈 감추듯 후딱 먹어치워버렸다. 바비큐 소스의 고기와 곁들인 감자 퓨레 그리고 버섯까지 맛이 훌륭해 빵에 얹어 싹싹 다 긁어먹었다. 정신없이 먹어치우다 옆을 보니 평소 '빵까지 먹으면 배불러서 안 된다'며 빵을 아끼시던 어머니도 여긴 빵도 왜 이리 맛있냐며 계속 드시고 계셨다. 그렇게 늦은 저녁의 행복한 식사를 마치고 부른 배를 두드리며 빛나는 에펠탑을 향해 걸어갔다.

가격이 부담된다면 세컨 레스토랑으로
레 부키니스트

ⓘ 업체 정보	Les Bouquinistes	
◯ 업체 위치	53 Quai des Grands Augustins, 75006 Paris	
⊙ 영업시간	월–일 12:00~23:00(브레이크타임 14:30~19:00)	
◎ 예약 방법	온라인 예약 http://www.lafourchette.com 이메일 예약 bouquinistes@guysavoy.com 전화 예약 +33 1 43 25 45 94	
€ 가격	점심 2코스 31유로, 3코스 35유로 (와인 1잔 포함)	
☺ 작가의 말	맛, 분위기, 가격. 다 마음에 든다! 센강 주변에 위치한 건 덤!	

1953년생의 기 사부아 셰프는 2000년에 대통령으로부터 레지옹도뇌르 훈장을 받은 프랑스 최고 셰프 중 한 사람이다. 자신의 이름을 딴 동명의 레스토랑으로 2002년 미슐랭 3스타를 받은 그는 파리에 총 5개의 레스토랑을 운영하고 있다.

그중 세컨 레스토랑인 〈레 부키니스트〉에서는 와인 한 잔을 포함한 2코스 31유로, 3코스 35유로라는 합리적인 가격의 점심 메뉴가 있다. 비교적 저렴한 가격에도 맛은 역시나 그의 명성답게 아주 인상 깊은데, 특히 전채로 나온 멜론 수프는 숟가락을 멈출 수 없는 최고의 맛이었다. 여름에 먹어본 수프 중에선 인생을 통틀어 가장 으뜸이었다. 뿔닭 가슴살 또한 그 쫄깃함과 진한 풍미에 이게 정말 가슴살이 맞나 의심케 했다.

1. 식사와 곁들여 먹는 빵

2. 포르투갈의 포트 와인으로 만든 그라니떼를 곁들인 멜론 수프

3. 수란을 곁들인 훈제한 오리 가슴살과 콜리플라워

4. 버터에 볶은 배추를 곁들인 뿔닭 가슴살 구이

5. 팬에 구운 채소와 철판 위에서 구운 도미 구이

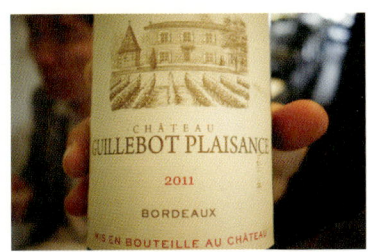

6. 보르도에서 생산된 레드 와인

7. 보르도에서 생산된 화이트 와인

8. 모둠 아이스크림 (딸기, 밤, 코코넛)

맛있는 샌드위치의 정의
코지

ⓘ 업체 정보	Cosi	
업체 위치	54 rue de la seine, 75006 Paris	
영업시간	월-일 12:00~23:00	
가격	샌드위치 5.5유로~8유로(4유로 추가시 세트)	
작가의 말	파리에선 절대 대충 때우지 말자. 샌드위치조차 맛있는 도시인걸!	

1989년 문을 연 생제르맹의 터줏대감 샌드위치 가게 〈코지〉. 이곳은 즉석에서 화덕에 구워낸 포카치아 빵에 신선한 식재료들을 넣어준다. 샌드위치만 먹으면 5.5유로에서 8유로 사이, 여기에 4유로를 추가하면 디저트와 음료까지 포함되는 세트로 먹을 수도 있다.

이곳 외에도 이브 캉드보르드 셰프의 〈라방 콩투아〉, 그레고리 마르샹 셰프의 〈프렌치투고〉 등에서도 질 좋은 샌드위치를 맛볼 수 있다. 음식은 포장해서 나가서 먹어도 되고 2층의 테이블에서 먹고 가도 된다.

DAY 19 리옹 당일치기 여행

리옹 먹거리 장터
레 알 드 리옹 폴 보퀴즈

ⓘ **업체 정보**	Les Halles de Lyon Paul Bocuse
○ **업체 위치**	102 Cours Lafayette, 69003 Lyon
⊙ **영업시간**	화-토 07:00~22:30, 일 16:30까지, 월 휴무
☺ **작가의 말**	진귀한 식재료들과 풍경에 온전히 다른 세계에 있는 것 같았다.

1859년에 코르틀리에 광장에 처음 문을 열었던 리옹의 유명 시장 〈레 알 드 리옹〉은 1971년에 지금의 자리로 이사를 왔다. 2005~2006년 리모델링을 거쳐 2006년 재개장을 하면서는 리옹의 대표명사와도 같은 대셰프인 폴 보퀴즈의 허락을 받아 시장에 그의 이름을 붙여 〈레 알 드 리옹 폴 보퀴즈〉라고 부르고 있다. 그의 이름이 붙은 후부터 세계적인 인지도가 껑충 뛰어올랐다고 한다. 나 또한 그의 이름 때문에라도 더 가 보고 싶었고. 리옹의 시장은 과연 미식의 수도 리옹다웠다. 그간 숱하게 많은 시장을 다녔지만 이토록 다양한 식재료를 취급하며 지역색을 뚜렷하게 드러내는 곳은 어디에도 없었다.

✔ 잠깐! 폴 보퀴즈는 누구인가요?

프랑스 요리 역사에 한 획을 그은 인물. 1958년 미슐랭 1스타, 1960년 미슐랭 2스타, 1961년 MOF, 1965년 그의 나이 39세에 미슐랭 3스타를 받았다. 1975년에는 프랑스 요리에 기여한 공로를 인정받아 레지옹도뇌르 훈장을 받았다. 1987에는 세계적인 요리 대회 보퀴즈 도르를 창설하였고, 1990년에는 마침내 세계적인 요리학교 인스티튜트 폴 보퀴즈를 세웠다.
세기의 셰프에 선정된 그를 기리기 위해 미국 최고의 요리학교 CIA(Culinary Institute of America)에서는 교내 식당 이름을 보퀴즈 레스토랑이라 지었다. 현재 미슐랭 3스타 레스토랑 외에도 리옹에 8개, 스위스와 미국에 각 1개, 그리고 일본에 8개의 레스토랑을 운영하고 있다.

세계 3대 진미 중 하나로 불리는 캐비어(철갑상어 알)를 전문적으로 취급하는 페트로시안

소고기보다 비싸다는 프랑스 명품 닭인 브레스 닭

프랑스식 어묵이라 불리는 끄넬

동명의 영화로 유명한 라따뚜이

프랑스 하면 떠오르는 에스까르고

프랑스식 곱창, 앙두이예뜨

세계 3대 진미 중 하나인 냉장 푸아그라

리옹에 온 이유, 미슐랭 2스타
기 라소제

① 업체 정보	Guy Lassausaie	
○ 업체 위치	1 Rue de Belle-Sise, 69380 Chasselay	
⊙ 영업시간	목-월 12:15~21:30(브레이크타임 13:30~19:30), 화-수 휴무	
◎ 예약 방법	이메일 예약 guy.lassausaie@wanadoo.fr 전화 예약 +33 4 78 47 62 59	
€ 가격	테이스팅 코스 115유로(2인 이상)	
☺ 작가의 말	이걸 먹기 위해 파리에서 당일치기로 간 데에는 그만한 이유가 있는 법.	

리옹행을 결정한 가장 큰 이유는 바로 리옹 인근, 샤슬레라는 작은 마을에 위치한 〈기 라소제〉 때문이었다. 1906년에 처음 문을 연 이 레스토랑은 3대의 라소제에 의해 이어졌고 지금의 기 라소제에 의해 미슐랭 2스타 레스토랑이 되었고, 1961년생인 그는 1994년 MOF가 되었다.

한 가지 예상 못한 문제가 있었다면 함께 이곳에 오기로 했던 친구들이 약속 시간까지 기차역에 도착하지 않은 바람에 혼자 리옹에 도착하게 되었다는 점이다. 셋이서 편하게 택시를 타고 갈 줄 알고 버스 타고 가는 방법을 알아두지 않고 왔는데……. 뒤늦게 대중교통으로 가는 방법을 알아보려 했으나 시간이 없어 할 수 없이 혼자 택시를 탔다. 택시 기사는 내가 〈기 라소제〉로 가자고 하자 왜 굳이 리옹까지 와서 〈폴 보퀴즈〉가 아닌 이곳에 가느냐고 물었다.

"〈폴 보퀴즈〉는 비싸잖아."

"하긴, 정말 비싸긴 해. 거기 코스가 한 250유로 정도 하지?"

그렇게 기사와 한참 수다를 떨다보니 미터기는 50유로를 가리키고 있었다. 〈폴 보퀴즈〉가 비싸서 대신 이곳을 택한 건데 택시비를 보니 정말

돈을 아낀 게 맞는지 의문이 들긴 했지만 대신 비싼 회화 과외 받았다고 생각해야겠다.

막상 도착해서 바라본 레스토랑의 외관은 어쩐지 시골 여관 같은 느낌이었는데, 안으로 들어서니 아주 고급스럽고 세련된 레스토랑이었다. 친구 두 명이 파리에서 기차를 늦게 타서 올 수 있을지 모르겠다고 양해를 구하고는 혼자 자리에 앉았다.

먹고 싶었던 115유로의 테이스팅 코스는 2인 이상 주문 가능했기에 하는 수 없이 63유로짜리 코스로 주문했다. 본식인 프랑스의 명품 닭, 브레스 닭은 식감이 아주 촉촉하면서도 쫄깃해서 왜 브레스 닭이 소고기보다 비싸고 유명한지 알 것 같았다. 미식가마냥 홀로 음식을 음미하고 있는데 그제야 친구들이 나타났다. 그 둘은 메뉴판을 보더니 고민 없이 테이스팅 코스를 주문했다. 아, 뒤통수를 맞은 것 같은 이 기분은 뭐지. 그래도 친구들 덕에 디저트부터는 좀더 즐거운 식사를 할 수 있었다.

1. 테이스팅 주문 못한 대신 나머지는 풀코스로! 아페리티프는 체리를 넣은 키르 로얄

2. 토마토 가스파초와 마늘을 넣어 만든 리코타

3. 연어와 라따뚜이*

4. 바질과 완두콩 등으로 만든 수프에 플랑을 넣은 어뮤즈 부쉬

5. 빵

6. AOP(=AOC) 인증을 받은 최상급 이즈니 버터

7. 프랑스 오베르뉴 지방의 탄산수 생 제롱. 세계 10대 물에 선정된 바 있다

8. 루아르 지방의 부브레에서 생산된 달콤한 화이트 와인 (푸아그라는 단 와인과 어울린다)

9. 렌틸콩과 오리 푸아그라, 오리 가슴살 그리고 보졸레 와인 젤리로 만든 테린

10. 부르고뉴 지방의 상뜨네에서 생산되는 1등급 프리미에 크뤼 레드 와인

11. 채소와 모렐버섯에 뱅존을 넣어 만든 콘소메와 송아지 흉선을 넣어 데친 브레스산 암탉

12. 다양한 종류의 치즈. 이렇게 많은 치즈 모둠은 처음 봤다!

13. 판나 코타*

14. 아몬드와 레몬을 넣어 만든 튀일

15. 레몬 마카롱, 작은 사이즈의 딸기 캐러멜 타르트, 슈크림

16. 쓴맛의 초콜릿과 헤이즐넛을 넣어 만든 초콜릿 케이크 포레 누아*, 체리로 만든 셔벗

17. 비스킷, 프랄린 헤이즐넛 무스, 크리미한 초콜릿 잔두야* 아이스크림

18. 파인애플 카르파치오, 코코넛 케이크 그리고 패션프루트 아이스크림과 감자 튀일

19. 디저트가 이렇게 길 줄이야! 입을 씻어줄 에스프레소는 필수!

20. 두 가지 맛의 젤리와 초콜릿

- 라따뚜이 : 가지, 호박, 피망, 토마토 등에 허브와 올리브 오일을 넣고 뭉근히 끓여 만든 야채 스튜로 프랑스 프로방스 지방에서 즐겨 먹는 전통 요리
- 판나 코타 : 크림에 우유, 설탕 등을 넣고 젤라틴으로 굳힌 푸딩
- 포레 누아 : '검은 숲'이라는 뜻의 초콜릿 케이크
- 잔두야 : 헤이즐넛 향 초콜릿

리옹 전통 요리
레옹 드 리옹

① 업체 정보	Brasserie Léon de Lyon
◯ 업체 위치	1 Rue Pleney, 69001 Lyon
⊙ 영업시간	월~일 12:00~23:00(브레이크타임 14:30~19:00)
◎ 예약 방법	온라인 예약 http://www.lafourchette.com 전화예약 +33 4 72 10 11 12
€ 가격	전식 11~16유로, 본식 13~25유로, 아침식사 18.1유로 2코스 22.15유로, 3코스 25.25유로
☺ 작가의 말	프랑스 음식 말고 리옹에서만 먹을 수 있는 독특한 요리들.

1904년에 문을 연 〈레옹 드 리옹〉은 1949년 폴 라콤 셰프가 인수했다. 그는 1955년 미슐랭 1스타를 획득했지만 1972년 갑작스럽게 세상을 떠났다. 그래서 그의 아들 장 폴 라콤이 급하게 리옹으로 돌아와 〈레옹 드 리옹〉을 이끌게 되었다. 주방 경험이 없던 그는 다행히도 아버지의 친한 친구였던 폴 보퀴즈의 도움으로 요리를 익혔고 별을 잃기는커녕 1978년에는 미슐랭 2스타를 획득하면서 미식가들의 눈길을 사로잡았다. 그렇게 2007년까지 미슐랭 2스타를 유지하던 그는 리옹의 진짜 음식을 하고 싶다는 생각에 스스로 별을 반납하고 대중식당으로 새로이 문을 열었다. 미슐랭 2스타 시절의 흔적이었을까. 실내는 정말 거대했고 대중식당이라기엔 많이 화려했다. 화장실 앞에 까브(와인 저장고)가 보이는 것도 인상적이었다.

파리는 세계적인 도시이기 때문에 어느 식당을 가건 관광객들이 눈에 띄게 마련인데 이곳은 정말 딱 현지인들의 밥집 같은 느낌이었다. 나이가 지긋한 부부나 가족이 많이 보였고 관광객은 우리가 유일한 것 같았다. 메뉴판은 하나는 리옹식, 다른 하나는 프랑스식이었다. 두말할 것 없이 리옹식을 택했고, 리옹하면 가장 먼저 떠오르는 리옹 샐러드와 끄넬을 골랐다. 그리고 프랑스 맥주도 마셔보기로 했다. 리옹 샐러드에는 프랑스에서 내장을 잘 활용하기로 알려진 도시답게 돼지 귀로 만든 빠떼가 떡하니 들어 있었다. 끄넬은 약간 거칠었지만 편안하고 정감갔다. 밥이 나와 다들 반가워했지만 웬걸, 역시 프랑스는 밥도 버터에 볶는 걸 잊지 않았다.

1. 빵과 타프나드*

2. 무료로 제공되는 수돗물

3. 프랑스의 프리미엄 라거 맥주 펠포스

4. 리옹식 샐러드(치커리, 반숙 계란, 양파 꽁피, 베이컨 그리고 돼지 귀로 만든 빠떼)

5. 낭투아 소스를 곁들인, 오븐에 구운 곤들매기로 만든 끄넬과 버터에 볶은 바스마티 쌀

• 타프나드 : 검정 올리브, 케이퍼, 레몬에 앤초비를 섞은 것

DAY 20   파리 미식 투어

흡연을 못하는 흡연실
르 퓌무아르

① 업체 정보	Le Fumoir
○ 업체 위치	6 Rue de l'Amiral de Coligny, 75001 Paris
⊙ 영업시간	월–일 11:00~02:00
€ 가격	점심 코스 22.5유로/26유로, 저녁 코스 34유로/38유로
☺ 작가의 말	루브르에 갈 일이 있다면 들러보자.

파리에선 미식 투어 가이드를 받는 대신 친구들과 직접 팀을 꾸렸다. 우리는 루브르 인근의 〈르 퓌무아르〉에서 만나기로 했는데, '흡연실'이라는 이름의 이 카페는 역설적이게도 금연법에 의거 금연 구역이다. 에스프레소 한 잔을 마시며 일정의 동선에 대해 설명한 후 자리에서 일어났다. 오랜만이야. 르 퓌무아르. 참 그리웠어.

필리프 고슬랭

- **업체 정보** Gosselin Saint Honoré
- **업체 위치** 125 Rue Saint Honoré, 75001 Paris
- **영업시간** 일-금 07:00~20:00, 토 휴무
- **가격** 1~3유로
- **작가의 말** 어느 것을 골라도 실망하지 않을 것이다.

〈고슬랭〉은 1990년에 문을 연 빵집이자 제과점으로 1996년 파리 최고의 바게트집으로 선정되면서 엘리제 궁에 바게트를 납품하여 유명세를 얻었다. 이후 2002년과 2006년 파리에서 두번째로 맛있는 바게트집으로 선정되었고, 2010년과 2014년에는 파리에서 다섯번째로 맛있는 바게트집으로 선정되었다. 또한 2010년에는 파리에서 두번째로 맛있는 슈케트집으로 선정되면서 제과점으로서도 인정을 받았다. 파리에 총 3개의 지점을 두고 있다.

가게로 들어서자 수많은 빵과 디저트들이 우리를 둘러싸고 먹어보라고 유혹해댄다. 몇 가지를 골라 인근 정원에서 하나씩 맛보았다.

사튀른

ⓘ 업체 정보	Saturne
📍 업체 위치	17 Rue NotreDame des Victoires, 75002 Paris
🕐 영업시간	월-금 12:00~22:30(브레이크타임 14:30~20:00), 토-일 휴무
🔄 예약 방법	온라인 예약 http://www.lafourchette.com 전화 예약 +33 1 42 60 31 90
€ 가격	전식 18유로, 본식 32유로, 디저트 12유로, 코스 40유로
☺ 작가의 말	파리에 부는 세련된 프랑스 요리 열풍의 주역.

이브 캉드보르드 셰프에 의해 촉발된 비스트로노미는 젊은 요리사들에게도 영향을 미쳐 그들이 미슐랭 스타 레스토랑이나 고급 호텔 레스토랑을 거부하고 비스트로노미에 뛰어들게 했다. 그리하여 비스트로노

미를 오픈할 실력을 갖춘 젊은이들이 이끄는 새로운 비스트로노미들이 대거 쏟아져 나왔으니, 바로 〈르 샤또브리앙〉, 〈프렌치〉, 〈셉팀〉 그리고 〈사튀른〉 등이다. 그들의 요리는 전통적인 프랑스 요리와는 거리가 멀어 클래식한 것을 선호하는 사람들에게는 부정적인 평가를 받기도 하지만 새로운 것을 선호하는 사람들은 그들의 창의성에 환호한다. 단적으로 보여주는 예가 전통을 중시하는 미슐랭과 새로움을 선호하는 베스트 레스토랑 어워드의 엇갈린 평가인데, 2014년에 〈셉팀〉이 비록 미슐랭 1스타를 받긴 했지만, 그 외의 레스토랑들은 이름을 전혀 올리지 못한 반면 베스트 레스토랑 어워드에서는 2015년에 〈르 샤또브리앙〉이 21위, 〈셉팀〉이 57위에 이름을 올리는 등 호평을 받고 있다는 점이다.

그러나 역시 직접 먹어봐야 아는 법. 스벤 샤르티에 셰프가 이끄는 〈사튀른〉을 방문했다. 85년생의 이 젊은 셰프는 알랭 파사드의 미슐랭 3스타 레스토랑이자 2015년 베스트 레스토랑 어워드 12위를 차지한 〈라르페주〉에서 2년 반을, 그리고 〈라신〉에서 1년 반을 보낸 후 주방 일을 시작한 지 4년 만에 〈사튀른〉을 오픈했다.

제철 재료, 신선한 재료, 유기농 재료 등을 고집하는 그는 자신의 요리는 계절에 맞추어 끊임없이 진화해서 대표 메뉴가 없다며 'Carte Blanche(모든 메뉴를 셰프에게 백지위임한다)'는 독특한 메뉴를 운영한다. 유기농이 정말 좋은 것인가에 대해서는 아직 개인적으로는 의문이지만 확실히 그의 요리는 거부감이 없었다. 무겁지 않은 요리여서인지 몸이 굉장히 편안하게 음식을 받아들이는 것이 느껴졌다. 거기에 더해 세련되고 섬세한 플레이팅도 감각적이었다. 과연 젊은 셰프다웠다. 그러나 너무 가벼운 듯한 느낌 또한 지울 수는 없었다. 그리고 결정적으로 배가 부르지 않았다는 게 조금 아쉽다.

1. 프랑스 부르고뉴에서 생산되는 유기농 인증을 받은 VDT* 등급의 유기농 레드 와인

2. 파리 생마르탱 운하 인근의 빵집인 〈뒤빵 에 데 지데〉에서 받아오는 유기농 빵

3. 소럴 허브와 신선한 아몬드를 곁들인 프랑스식 육회 소고기 타르타르

4. 작은 막대 모양의 파와 달걀노른자를 곁들인 붉은 참치

5. 히비스커스 꽃과 자두 그리고 비트를 곁들인 대서양의 큰 게

6. 블랙 올리브와 당근, 양파를 곁들인 송아지 갈빗살

7. 양배추로 감싼, 대구와 대황

8. 블랙 올리브와 당근, 양파를 곁들인 샬랑 오리

9. 멜론과 오렌지 등 여름 제철 과일들

10. 헤이즐넛과 건초를 곁들인 쇼콜라 쇼*

11. 대황과 생치즈 그리고 베리류의 과일들

12. 큼직하고 투박하게 구워낸 마들렌

• VDT : 테이블 와인(Vin De Table)이라고 해서 질이 떨어지는 건 아니다. 다만 기존의 기준에 맞지 않아서 AOC 인증을 받지 못한 것을 의미한다

• 쇼콜라 쇼 : 따뜻한 초콜릿이란 뜻, 핫초콜릿이 우유에 초콜릿을 섞은 것이라면, 쇼콜라 쇼는 초콜릿을 그대로 녹인 것이다

레클레르 드 제니

- **업체 정보** L'éclair de Génie
- **업체 위치** 32 Rue NotreDame des Victoires, 75002 Paris
- **영업시간** 월-일 11:00~19:00
- **가격** 에클레르 4.5~4유로
- **작가의 말** 에클레르를 차원이 다른 급으로 승화시켰다. 너 요즘 대세구나!

한때 피에르 에르메 셰프에 의해 마카롱이 세계적으로 엄청나게 각광 받으며 디저트계를 뒤흔들었다면 그 뒤를 이를 차세대 디저트로 에클레르가 각광받고 있다. 그리고 그 중심엔 크리스토프 아담 셰프의 〈레클레르 드 제니〉가 있다. 이미 파리에 5개의 매장을, 일본 내에 2개의 매장을 오픈했다. 런던의 미슐랭 3스타 레스토랑이었던 〈르 가브로슈〉(현재 미슐랭 2스타) 등 고급 레스토랑의 페이스트리 셰프를 거친 그는 1996년 파리로 돌아와 피에르 에르메의 뒤를 이어 〈포숑〉에 입사했다. 그후 2007년 〈블랑제리 포숑〉을 론칭하며 창의성을 가미한 디저트들로 전 세계에 이름을 알린 그는 퇴사 후 〈레클레르 드 제니〉를 만들었고 파리에서 가장 주목받는 디저트 가게 중 하나가 되었다.

이곳에서는 '소금을 가미한 캐러멜 버터맛의 에클레르'가 최고였다. 단맛에 소금이 약간 더해지면 그 단맛이 극대화된다. 캐러멜 버터크림과 안쪽의 마스카르포네 크림이 입안에서 만나 그야말로 천상의 맛을 나타냈다.

▼ 잠깐! 잘 만든 에클레르는 어떻게 판별하나요?

반죽의 질감은 물론이고 양쪽에서 크림을 주입해서 만들기 때문에 중심부까지 크림이 고르게 들어갔는지 여부를 확인하는 것이 중요하다. 그래야 어느 쪽을 먹어도 맛이 일정하니까.

진열된 에클레르들

바닐라와 피칸맛 에클레르

레몬과 유자맛 에클레르

소금을 가미한 캐러멜 버터맛의 에클레르

라 카페오테크

ⓘ 업체 정보	La Caféothèque de Paris	
ⓥ 업체 위치	52 Rue de l'Hôtel-de-Ville, 75004 Paris	
ⓢ 영업시간	월-일 09:30~19:30	
€ 가격	오늘의 커피 3유로, 카푸치노 5유로, 카페라테 5.2유로	
☺ 작가의 말	커피 수업도 진행하는데 영어, 불어, 스페인어 그리고 한국어로 된 교재가 있다.	

런던에 〈먼마우스〉가 있다면 파리엔 〈라 카페오테크〉가 있다. 과테말라 대사를 지냈던 글로리아 몬테네그로가 지난 2005년에 문을 연 이곳은 전 세계 각지에서 직접 생두를 사들여 파는 곳으로 커피맛으로는 파리에서 가장 으뜸으로 친다. 와인이 떼루아와 AOC를 따지니 커피도 그렇게 하자며 그는 가장 최상의 커피만을 지역별로 선정하고는 블렌딩이 아닌 산지별 판매를 주장한다. 그리하여 매일 다른 떼루아의 커피를 오늘의 커피로 선정하여 내놓는다.

오 봉 크뤼

ⓘ	**업체 정보**	Aux Bons Crus
○	**업체 위치**	7 Rue des Petits Champs, 75001 Paris
⌄	**영업시간**	화–일 12:00~23:00(브레이크타임 15:00~19:00), 월 휴무
◎	**예약 방법**	온라인 예약 http://www.lafourchette.com 전화 예약 +33 1 42 60 06 4
€	**가격**	전식 9.5유로, 본식 18.5유로, 디저트 9유로
☺	**작가의 말**	파리에서 맛보는 프랑스 남서부 툴루즈 지방 음식의 매력.

예전에 파리에 관련된 책을 보았는데 한 소믈리에가 툴루즈 지방 음식을 내놓는 식당이라며 이곳을 추천했다. 언젠가 가봐야지 벼르고 있었다. 16세기에 지어진 건물에 1940년대에 오픈했다는 이 오래된 식당의 시골 느낌, 아주 투박한 모습이 무척 정겨웠다. 2년여 전 가게를 인수했다는 주인이 한국인 손님은 처음 본다고 한다. 정말일까?

1. 식사와 곁들여 먹는 빵

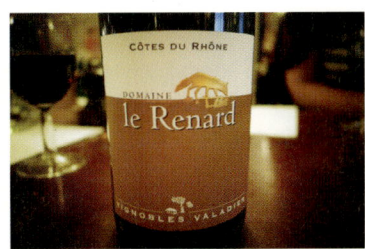

2. 프랑스 론의 꼬뜨 뒤 론에서 생산되는 AOC 등급의 레드 와인

3. 직접 만든 푸아그라 테린

4. 소형 냄비에 담은 직접 만든 염소젖 치즈 덩어리

5. 채소와 감자 퓨레를 곁들인 프랑스식 곱창 앙두예트

6. 앙두예트의 단면(고기와 내장)

7. 채소와 알감자를 곁들인 이 집의 대표 메뉴, 프랑스 남서부 지방식으로 만든 오리 꽁피

DAY 21

지성인이 즐겨 찾던 곳
카페 드 플로르

① 업체 정보	Café de Flore
○ 업체 위치	172 Boulevard Saint-Germain, 75006 Paris
⊙ 영업시간	월-일 07:30~01:30
€ 가격	에스프레소 4.6유로, 핫 초콜릿 7유로, 디저트류 2~4유로
☺ 작가의 말	파리에서 가장 좋아하는 카페를 꼽으라면 망설임 없이 이곳을 선택할 것이다.

1885년에 문을 연 〈카페 드 플로르〉는 사르트르와 보부아르가 글을 쓰고 데이트하던 곳이기도 했고, 피카소나 이브생로랑, 지방시 등이 즐겨 찾던 곳이기도 했다. 1994년부터는 프레데릭 베그베데 감독이 만든 플로르 상(The Prix de Flore)이 매년 수여되는 장소이기도 하다.

처음 이곳을 찾은 건 물론 그 유명세 때문이었지만, 이후 계속 이곳을 찾은 건 바로 이곳 테라스에 앉아 지나가는 파리지앵들을 구경하며 쇼콜라 쇼 한잔을 홀짝이는 일이 퍽 근사했기 때문이다. 여기서 식사를 하면 『꼬마 니콜라』, 『얼굴 빨개지는 아이』 등으로 유명한 장 자끄 상뻬가 그린 〈카페 드 플로르〉를 테이블보로 깔아주는데 커피를 마실 때도 요청하면 갖다준다. 커피값이 충분히 비싸니 당당히 요구하자. 액자에 전시해두면 꽤 그럴싸하다. 인근의 〈레 두 마고〉도 유명하다.

꿈의 제과점
라 파티스리 데 레브

ⓘ 업체 정보	La Pâtisserie des Rêves
○ 업체 위치	93 Rue du Bac, 75007 Paris
⊙ 영업시간	화-토 09:00~20:00, 일요일 09:00~18:00, 월 휴무
€ 가격	마들렌 2.4유로, 생토노레 39유로, 파리 브레스트 37유로, 밀푀유 38유로
☺ 작가의 말	가게 이름처럼 정말 꿈같이 맛있다.

'꿈의 제과점'이라는 뜻인 〈라 파티세리 데 레브〉는 요즘 파리에서 가장 유명한 제과점 중 하나다. 1994년에 처음으로 유리잔(베린느)에 디저트를 담는 것을 선보여 베린느류의 창시자라 불리는 필립 콘티치니 셰프가 2009년에 문을 연 가게로 각각의 디저트에 알맞은 온도와 습도를 조절하는 개별 냉장 장치를 선보여 다시 한번 디저트계를 크게 뒤흔들어놓았다.

프랑스 일간지 『피가로』는 2010년에 '파리에서 맛볼 수 있는 최고의 파리 브레스트'로 이곳을 선정했다. 그러나 사실 이곳의 대표 메뉴는 생토노레다. 또한 셰프가 가장 선호한다고 알려진 건 바로 바닐라 밀푀유. 이렇게 아름다운 디저트들을 보고도 먹지 않는 건 어쩐지 유죄라는 생각이 든다. 그래서 몽땅 사 들고 인근의 카페로 갔다. 『피가로』가 극찬했다는 파리 브레스트부터 맛보았다.

부드럽고 풍부한 프랄린 크림 층이 입안에 한가득 찼을 때의 느낌은 황홀하다못해 입이 다물어지지 않을 정도였다. 생토노레는 바삭한 캐러멜 층이 독특했다. 바닐라 밀푀유는 상대적으로 무난했다. 파리 외에 런던과 일본에 분점이 있다.

개별 냉장 장치

생토노레

파리 브레스트

바닐라 밀푀유

진짜 프랑스 요리를 보여주지
르 비올롱 당그르

ⓘ 업체 정보	Le Violon d'Ingres
◯ 업체 위치	135 Rue Saint-Dominique, 75007 Paris
⌄ 영업시간	월-일 12:00~22:30(브레이크타임 14:30~19:00)
◎ 예약 방법	이메일 예약 violondingres@maisonconstant.com 전화 예약 +33 1 45 55 15 05
€ 가격	코스 47유로
☺ 작가의 말	그에 대해 더 자세히 알고 싶다면 〈메르씨엘〉 박현진 대표의 책 『파리에는 요리사가 있다』를 읽어보자.

〈르 비올롱 당그르〉는 앞서 방문했던 〈레 코코트 드 콩스탕〉과 같은 크리스티앙 콩스탕 셰프의 레스토랑으로 현재 미슐랭 1스타이다. 점심에 3코스의 요리에 와인과 커피까지 합쳐 47유로, 코스 하나를 빼면 41유로인 아주 합리적인 구성의 메뉴를 운영하고 있다. 며칠 전 만난 〈탑셰프〉의 열렬한 시청자 스테판은 내 예약리스트를 보더니 이곳은 아주 클래식하다며 정말 잘 골랐다고 엄지를 척 치켜세워주었는데, 과연 그랬다. 마치 진짜 프랑스 요리가 무엇인지 내가 한번 보여주지! 같은 느낌. 깔끔하게, 대만족!

1. 식사와 곁들여 먹는 빵

2. 버터

3. 구운 견과류

4. 푸아그라 무스를 넣은 미니 버거

5. 프랑스 루아르 지방의 상세르에서 생산된 AOC 등급 화이트 와인

6. 피자와 비슷한 프랑스 남부 니스식 피살라디메르*와 고등어 초절임

7. 여름 제철 채소와 고추 꿀리*를 곁들인 게살

8. 꾸스꾸스*를 곁들인 양을 넣어서 만든 크로메스키*

9. 푸아그라로 속을 채우고 메추라기로 감싼 요리

10. 메추라기 즙으로 만든 소스를 곁들인 뇨끼

11. AOC 등급 프랑스 에스팔레트 칠리로 향을 살린 오징어와 갑오징어 프리카쎄*

12. 올리브 오일을 곁들인 딸기 카르파치오와 바닐라, 머랭을 곁들인 마스카르포네*

13. 간단한 젤리와 슈크림 등의 프티 푸르

14. 커피와 마들렌

- 피살라디에르 : 피자와 비슷한 프랑스 남부 요리
- 꿀리 : 농도가 진한 퓨레나 소스
- 꾸스꾸스 : 과거 프랑스 식민지였던 아프리카에서 유래한 음식. 거친 밀가루를 약간의 물과 함께 쪄서 부풀린 것
- 크로메스키 : 크로켓과 유사한 것
- 프리카쎄 : 재료를 잘게 썰어 버터에 살짝 볶은 후 채소와 같이 끓여 화이트 소스와 함께 먹는 요리
- 마스카르포네 : 이탈리아에서 생산되는 크림 치즈. 티라미수의 주재료로 쓰인다

파리 쿠킹 클래스
쿠킹 위드 클래스

ⓘ 업체 정보	Cook'n with Class
◯ 업체 위치	6 Rue Baudelique, 75018 Paris
◎ 예약 방법	홈페이지에 올라와 있는 스케줄 참고 온라인 예약 http://www.cooknwithclass.com
☺ 작가의 말	음식은 만들 줄도 알아야 진정으로 즐길 수 있다.

먹는 것에만 흥미를 두지 말고 음식을 만드는 것에도 흥미를 두자. 이 요리가 훌륭한지 아닌지, 왜 훌륭한지 혹은 무엇이 잘못되었는지를 알려면 당신도 요리사만큼이나 알아야 한다.

『Simple French Cooking for English Homes』에 나오는 한 구절이다. 그렇다. 잘 먹을 줄 알려면 잘 만들 줄도 알아야 한다! 그래서 찾은 곳이 바로 〈쿠킹 위드 클래스〉. 20여 년을 레스토랑과 호텔에서 보내며 조엘 로비숑, 알랭 뒤카스 등의 요리계 거장들과 일해온 에릭 프라우도 셰프가 2007년 몽마르트르 인근에 문을 연 프랑스 요리 학교이다. 〈라퀴진 파리〉, 〈르 푸드리스트 쿠킹클래스〉에서도 영어로 수업을 진행한다.

파리 쿠킹 클래스
이브닝 마켓 쿠킹 클래스

〈이브닝 마켓 쿠킹 클래스〉는 런던과 파리, 미국 등을 오가며 요리를 해온 페트릭 에베르 셰프가 진행했다. 이름처럼 저녁에 인근 시장에서 장을 봐서 그걸로 요리를 하는 수업이었다. 따라서 이 수업의 요리와 조리법은 전부 수강생들의 기호에 의해 결정됐다.

우리는 생선 가게에 들러 생선을 고루 살핀 후 가장 신선한 것을 골랐다. 가게 주인이 능숙한 솜씨로 비늘을 제거하고 뼈도 발라준다. 정육점에서는 여러 고기들 가운데 고민하다가 결국 송아지 요리로 합의를 보았다. 채소와 과일을 파는 가게에서는 셰프가 앞서 고른 주재료들에 맞춰 부재료들을 골랐다.

수업은 작업을 분담해서 하는 것으로 진행됐다. 처음에는 모든 과정을 직접하고 싶었으나 5시에 시작된 수업이 11시가 넘어서야 끝났으니 프랑스식으로 이어지는 3코스를 모두 직접 요리했다면 손도 많이 가고 시간도 아주 오래 걸렸을 것이었다.

셰프는 칼질할 때 손을 베지 않게 재료를 잡는 방법부터 칼을 가는 방법, 재료를 다지거나 으깰 때 칼을 쓰는 방법 등의 기본적인 기술부터

차례로 가르쳤다. 그러고는 본격적으로 그날 먹을 음식들을 같이 요리 해나갔다.

세 가지의 코스 요리를 한꺼번에 준비하려니 정신이 없었지만 셰프가 시키는 대로 하나씩 재료를 손질해나가다보니 요리가 조금씩 그 모습을 드러냈다. 본격적으로 식사할 때에는 프랑스 아니랄까봐 셰프가 각 음식들에 어울리는 와인들을 지하 까브에서 하나씩 꺼내어 매칭해주었다.

본식이 끝난 다음에는 여섯 가지 종류의 치즈를 꺼내와 치즈 플레이트에 두고 나누어 먹게 했다. 프랑스 가정에선 식사 때마다 치즈를 꼭 먹는다는데, 나는 아직 그 종류 구분이 어렵다. 이건 마치 빨간 배추김치만 보던 외국인에게 여수 돌산 갓김치를 맛보여주는 것과 같다고 위안 삼기로 했다.

후식은 내가 아주 좋아하는 퐁당 오 쇼콜라였는데, 직접 만들어보니, 집에서 해 먹을 수 있을 것 같다. 그렇게 6시간 넘게 진행된 수업이 끝나고 나는 집에 도착하자마자 완전히 곯아떨어졌다.

버섯 샐러드에 생선을 올린 후 곁들인 오렌지 버터 소스

버터에 구운 감자, 채소 푸딩, 시금치와 베이컨을 넣어 만 송아지 고기

식사 때 셰프가 내어준 여러 종류의 치즈들

초콜릿 라바 케이크*와 여러 베리들

• 초콜릿 라바 케이크는 미국식 표현, 퐁당 오 쇼콜라는 프랑스식 표현

DAY 22

카페 두 물랭

① 업체 정보	Café des Deux Moulins
○ 업체 위치	15 Rue Lepic, 75018 Paris
⊙ 영업시간	월-일 08:00~01:00
€ 가격	커피 1.9유로, 카푸치노 4.4유로, 샌드위치 12~15유로
☺ 작가의 말	〈아멜리에〉를 기억하는 당신이라면 그냥 지나칠 수 없을 것.

'난 기다려, 기다려, 기다려요. 24시간 카페 두 물랭에서……'
요조의 노래 〈아 외로워〉의 한 소절에 〈카페 두 물랭〉이 나온다. 이곳은 영화 〈아멜리에〉에서 극 중 주인공 아멜리에가 일하는 카페이기도 하다. 일행 중 한 명이 일본으로 돌아가게 되어 우리는 마지막 모임을 가졌고 그 만남의 장소가 바로 이곳이었다.

이날은 비가 추적추적 내렸는데, 파리는 참 그런 풍경도 낭만적이다. 테라스에 앉아 커피 마시며 수다떨다 재밌는 광경을 목격했는데, 한 차량이 가게 앞에 주차해서 길을 막자 뒤차들이 빵빵대고 난리도 아니었던 것이다. 사람 사는 데는 다 똑같은 걸까. 어쩐지 우리네 모습과 꼭 같아 마구 웃었다.

아르노 들몽뜰

ⓘ 업체 정보	Arnaud Delmontel	
○ 업체 위치	39 Rue des Martyrs, 75009 Paris	
⌄ 영업시간	수~월 07:00~20:30, 화 휴무	
€ 가격	1~2유로	
☺ 작가의 말	엘리제 궁에서 프랑스 대통령이 먹는 바게트맛이 궁금하다면!	

파리 태생의 1967년생 아르노 들몽뜰 셰프는 〈라 메종 드 쇼콜라〉, 〈제라르 뮐로〉 등을 거쳐, 1999년 몽마르트르에 처음 자신의 이름을 딴 가게를 열었다(현재는 파리에 총 4개의 매장을 가지고 있다). 그가 유명해진 건 지난 2007년, 파리 최고의 바게트집에 선정되면서 1년간 엘리제 궁에 바게트를 납품하면서부터이다. 그렇게 빵집으로 명성을 높인 그는 지난 2010년에는 파리 최고의 밀푀유집에 선정되면서 제과점으로서도 명성을 높였다.

크리스토프 루셀

① 업체 정보	Christophe Roussel
◎ 업체 위치	5 Rue Tardieu, 75018 Paris
◎ 영업시간	월–금 10:15~19:30, 토–일 10:15~20:00
€ 가격	마카롱 1~2유로
☺ 작가의 말	몽마르트르에 들른다면 그냥 지나치지 말 것.

이어서 들른 곳은 초콜릿과 마카롱으로 유명한 〈크리스토프 루셀〉. 알랭 뒤카스 사단과 프레드릭 안톤 셰프의 〈르 발카레스〉 등의 미슐랭 레스토랑들을 거친 그는 2004년 프랑스 서쪽의 라 볼에 처음 자신의 이름을 딴 가게를 열었는데, 큰 인기를 얻어 2009년 파리에 진출했다(현재는 프랑스에 총 5개의 가게를 두고 있다). 그는 2012년에 미식잡지 『고미요』가 선정한 프랑스 초콜릿 장인 베스트 5에 이름을 올렸을 만큼 그 명성이 자자하다. 캐러멜, 타라곤 섞인 패션프루트, 라즈베리 등의 마카롱을 맛보았는데, 훌륭했다.

샤마레 몽마르트르

① 업체 정보	Chamarré Montmartre	
◯ 업체 위치	52 Rue Lamarck, 75018 Paris	
ⓥ 영업시간	월-일 12:00~23:00(브레이크타임 15:00~19:00)	
ⓜ 예약 방법	온라인 예약 http://www.lafourchette.com	
€ 가격	본식 15유로, 2코스 24유로, 3코스 32유로	
ⓒ 작가의 말	몽마르트르의 터줏대감이 된 이유를 직접 느껴보자.	

앙투안 히라 셰프는 아프리카의 제주도만한 크기의 모리셔스 섬 출신이다. 그는 페랑디라 불리는 프랑스 국립 고등 조리학교 ESCF에서 요리를 배웠고 알랑 파사드 셰프의 미슐랭 3스타 레스토랑 〈라르페주〉를 거쳐 지난 2002년 파리 7구에 아내와 〈라르페주〉 시절 동료와 함께 〈샤마레〉를 오픈했다. 2003년 미슐랭 1스타를 획득한 그는 2006년, 르누아르의 동명의 작품으로 유명한 몽마르트르의 〈물랭 드 라 갈레트〉를 인수하여 브라쓰리를 열었다. 2008년에는 〈샤마레〉도 몽마르트르로 이전시켜 〈샤마레 몽마르트르〉라 이름 붙였고 차례로 비스트로노미의 〈클로쉬 드 몽마르트르〉와 타파스 바 〈앙투안 드 몽마르트르〉를 열며 몽마르트르에 각기 다른 개성의 식당을 4개 소유하게 되면서 현재의 몽마르트르를 주름잡는 셰프로 성장했다. 참고로 〈메르씨엘〉 윤화영 셰프의 요리를 특히 좋아하는데 그분 또한 ESCF 출신이다.

레스토랑의 실내는 생각했던 것보다 훨씬 세련됐고 깔끔했다. 이날 갑자기 쏟아진 비에 약간 생쥐 꼴이었는데, 실내가 화려하다기보다는 편안하고 소박한 느낌이라 마음이 편안했다. 주문을 마치고 앉아 있는데 주방에서 큰 고함 소리가 들렸다. 완전한 오픈 주방은 아니지만 얼굴과 상반신 일부가 보였는데, 직원이 실수를 한 것 같았다. 우리 식사가 나

올 차례였기에 살짝 불안했는데, 이내 나온 음식은 정말이지 아주 만족스러웠다. 셰프는 계속 신경쓰였는지 주방에서 우리를 쳐다보고 있었고 나는 그를 향해 엄지를 척 치켜세워주며 윙크를 날려주었다. 그제야 그는 웃음을 되찾고 한결 긴장이 풀린 듯했다.

사람은 돈을 지불할 때에 그에 상응하는 기대치를 갖게 된다. 고가의 식당에선 그만한 기대를 갖게 마련이므로 아무래도 평가의 기준이 엄격해질 수밖에 없다. 하나 이렇게 상대적으로 저렴한 곳에선 그 기준 또한 가격에 따라 낮아질 수밖에 없다. 이곳은 아주 고가의 식재료나 화려한 플레이팅은 없었지만 맛의 기본을 충실히 지켰으며 하나하나 확실한 맛을 보여주었다. 레스토랑에 만족했는가, 다시 오고 싶은가는 돈을 낼 때 그 돈이 아까운지 아닌지를 따지면 되는데 이곳은 단연코 다시 오고 싶은 곳이었다.

1. 프랑스 식당에서 수돗물을 원할 땐 '원 까하프 도 실부플레'라고 외치자!

2. 프랑스 루아르 지방의 소뮈르에서 생산된 AOC 등급의 레드 와인

3. 장봉 햄을 넣어 만든 페이스트리

4. 오징어를 넣은 아보카도 수프. 수프의 부드러운 식감과 쫄깃한 오징어의 식감이 잘 어울렸다

5. 식사와 곁들여 먹는 빵

6. 만다린을 넣어 만든 버터. 만다린 덕에 버터에 상큼한 맛이 돌아 좋았다

7. 멜론과 샤퀴트리 그리고 샐러드

8. 아스파라거스와 버섯 등을 곁들인 새끼 양의 넓적다리 구이

9. 버섯과 감자 등을 곁들인 닭가슴살

10. 남부 프로방스식의 오징어와 대구 튀김

11. 바닐라 아이스크림과 과일 조림

파리 쿠킹 클래스
프렌치 비스트로 디저트 클래스

『달콤한 디저트의 나날들』의 저자 채혜수, 홍승현 부부가 운영하는 프랑스 디저트 가게 〈듀자미〉에서 오픈 멤버로 일한 적이 있다(그 책에 나오는 의대생 재호가 바로 나다). 당시 두 사장님은 만든 지 3일이 지난 케이크는 모두 폐기하라고 하셨다. 가게 마감을 맡은 사람이 나였기에 폐기되는 모든 디저트들은 쓰레기통이 아닌 내 입으로 들어갔다.
최상의 재료에서 최상의 맛이 나온다며 항상 비싼 식재료들을 고집하셨던 사장님은 재룟값이 판매가의 절반이 넘는다며 늘 볼멘소리를 하셨지만 사실 그 덕에 내 입은 아주 호강했다. 만드는 것을 어깨너머로 훔쳐봤을 뿐, 바리스타였던 나는 직접 만들어볼 기회가 없었기에 늘 궁금했다. 그래서 고른 것이 〈프렌치 비스트로 디저트 클래스〉. 거기서 먹던 것들을 만들어보려면 더 상위 클래스를 수강해야 했지만 나는 아직 그런 실력을 갖추지 못했기에 기초 수업을 신청했다. 좀더 쉬운 디저트인 만큼 집에서도 종종 만들어볼 수 있는 디저트들이었기에 결과적으로는 더 괜찮은 선택이었다.
이 수업은 가스트로노미를 거친 여성 셰프가 진행했다. 이날은 크렘 브륄레, 딸기와 블루베리를 넣은 피낭시에, 바나나를 넣은 수플레, 초콜릿

크림과 바닐라 크림의 베린과 그 위에 올릴 참깨를 넣어 만든 튀일, 그리고 딸기와 바질을 얹은 타르트 등의 디저트를 총 3시간 안에 만들어야 했기에 꽤나 분주히 움직였다. (결국은 30분 초과했다!)

이날 수업은 각자 만드는 부분이 있었기에 약간의 경쟁 심리도 있었다. 크렘 브륄레를 토치할 때는 내 것이 색이 잘 나왔으면 했고, 수플레를 만들 때는 내 것이 유독 예쁘게 부풀었으면 했다. 그리고 믿거나 말거나지만 실제로 내가 만든 디저트가 제일 예뻤고 제일 맛있었다. 팔은 안으로 굽는다.

한국 사람들에게 너무나도 유명한 곳
카페 콩스탕

ⓘ 업체 정보	Café Constant
◯ 업체 위치	139 Rue Saint-Dominique, 75007 Paris
ⓥ 영업시간	월-일 07:00~23:00 (단, 일 08:00부터)
€ 가격	점심 2코스 16유로, 3코스 23유로 오늘의 메뉴 : 전식 11유로, 본식 16유로, 후식 7유로
☺ 작가의 말	스타 셰프가 선보이는 프랑스 시골풍 요리를 맛보자.

〈카페 콩스탕〉은 한국 사람들에게 너무 유명해서 사실 조금 꺼려졌던 곳이다. 하지만 그렇다고 해서 이곳의 요리를 먹지 말아야 하는 건 아니지 않은가. 그리고 굳이 이곳을 소개하고 싶었던 이유가 하나 있는데, 한국 사람들이 이곳이 미슐랭 스타를 받은 곳이라고 알고 있는 경우가 허다하여 그것을 바로잡아주고 싶었다.

분명 미슐랭 2스타까지 받았던 크리스티앙 콩스탕 셰프가 운영하는 것은 맞지만 그는 현재 미슐랭 1스타 셰프이며, 그나마도 이곳 옆에 있는 〈르 비올롱 당그르〉가 1스타인 것이지 〈카페 콩스탕〉이 1스타인 것은 절대로 아니다. 다만 이곳과 더불어 옆의 〈레 코코트 드 콩스탕〉까지 모두 미슐랭 가이드에 이름을 올리고는 있는데, 미슐랭 별이 아니고 'Bib Gourmand' 즉 가성비 좋은 맛집에 부여되는 '적절한 가격에 괜찮은 음식' 등급을 받았다. Bib Gourmand에 이름을 올린 곳들은 대체로 만족도가 높아 개인적으로 아주 선호하는 등급이지만 그렇다고 해서 미슐랭 스타 레스토랑들과 동일시하는 것은 잘못된 일이다.

이곳은 크리스티앙 콩스탕 셰프의 할머니가 시골에서 소년이었던 그에게 해준 요리들을 그가 재현하고 있는 곳이니 그의 추억이 담긴 그때 그 시절의 요리들을 마음껏 즐겨보자. 별 개수는 중요한 것이 아니다!

2층에 자리했는데, 2층에 자리한 사람들은 모두 한국 사람들이었다. 동석한 사람들에게 메뉴를 설명해주었는데 한 층의 모든 사람들이 귀를 기울이는 진풍경이 펼쳐졌다. 원래는 점심, 저녁으로 영업시간이 구분되어 있었으나 현재는 쉬는 시간 없이 운영되고 있다.

1. 식사와 곁들여 먹는 빵

2. 시골풍의 푸아그라 테린

3. 치즈와 구운 새우를 올린 완두콩 수프

4. 잘게 다진 게살과 바질을 넣은 감자 샐러드

5. 그리비슈 소스*를 곁들인 삶은 감자와 송아지의 뇌, 혀, 머리 고기

6. 감자와 비트를 곁들인 농어 구이

7. 당근과 감자를 곁들인 고기 스튜

• 그라비슈 소스 : 초절임 오이와 허브들을 삶은 달걀의 흰자와 함께 다져 마요네즈에 섞은 것

DAY 23

10.8 유로의 행복
크레프리 브로셀리앙드

ⓘ 업체 정보	Crêperie Brocéliande
📍 업체 위치	15 Rue des Trois Frères, 75018 Paris
🕒 영업시간	화-금 12:00~22:30(브레이크타임 15:00~19:00), 토 12:00~23:00, 일 12:00~22:00, 월 휴무
€ 가격	점심 코스 10.8유로
😊 작가의 말	프랑스에는 성촉절이라는 공휴일(2월 2일)이 있는데 이날은 크레이프를 먹는 게 전통이라 '크레이프 먹는 날'이라고 부르기도 한다.

크레프리(crêperie)는 크레이프를 전문적으로 파는 식당을 말한다. 몽마르트르에 위치한 〈크레프리 브로셀리앙드〉는 지난 2010년에 문을 연 곳으로 10.8유로의 세트 메뉴가 인기다. 이 세트는 시드르 한 잔과 메밀 갈레트 그리고 달콤한 크레이프 혹은 아이스크림으로 구성되어 있는데 아주 클래식한 환상 궁합을 자랑한다. 이는 마치 치킨과 맥주, 파전과 막걸리 같은 것이라고 보면 딱 맞다. 갈레트는 바삭하고 고소하면서도 속 재료와의 조화가 좋았고 크레이프는 달콤하면서도 쫄깃한 맛이 아주 일품이었다. 촘촘히 박힌 바닐라 빈과 라임 과육은 제대로 만든 아이스크림임을 단번에 알게 해주었다.

한 잔의 시드르. 이처럼 넓은 볼에 마신다

계란과 햄, 치즈가 든 메밀 갈레트

햄, 치즈, 크림을 곁들인 버섯이 들어간 메밀 갈레트

버터와 설탕으로 맛을 낸 밀가루 크레이프

바닐라 아이스크림

라임 아이스크림

파리 쿠킹 클래스
마카롱 클래스

나는 마카롱을 늘 입에 달고 살았다. 그러다 파리에 와서 맛본 〈라뒤레〉의 마카롱은 본토의 맛에 대한 기준을 정할 수 있게 했다. 그래서 앞으로 마카롱맛의 기준을 〈라뒤레〉의 맛에 둬야겠다고 생각했다.

그후 틈날 때마다 스쿠터를 타고 샹젤리제까지 달려가 마카롱을 사 먹었다. 그러다 〈피에르 에르메〉의 마카롱을 새롭게 알게 되었다. 그곳의 장미 마카롱을 처음 입안에 넣었을 때는, 마치 저 하늘 위의 핑크빛 구름 위에 앉아 있는 듯한 기분이 드는 황홀함을 느꼈다. 그 이후 매일 성지순례라도 하듯 〈피에르 에르메〉에 가서 마카롱 하나를 입안에 넣고 녹여 먹으며 스쿠터를 타고 집에 달려오는 것이 하나의 크나큰 행복이었다. 그 기억을 이어가고자 〈마카롱 클래스〉를 신청했다.

이날은 3가지 마카롱만 만들 예정이었기에 전날보다는 조금 여유 있게 진행되었다. 부부 한 쌍과 모녀 한 쌍 그리고 나 이렇게 5명이 참여했고 우리는 자연스럽게 3가지 마카롱을 각자 나눠서 만들게 되었다. 혼자 온 나는 셰프와 팀을 이뤘다. 마카롱의 쉘 부분에 해당하는 꼬끄는 유자를 넣어 만들고 쉘 사이에 들어가는 필링은 크림을 섞은 초콜릿 가나슈를 넣었다. 모든 과정을 다른 제품의 도움 없이 처음부터 직접 다 하면서 예쁘게 만드는 것은 굉장히 손이 많이 가는 작업이었고 섬세한 주의력을 요했지만 좋아하는 마카롱을 만든다는 사실에 그 시간들이 얼마나 즐겁고 신났는지 모른다.

완성된 마카롱은 셰프의 조언대로 냉장고에서 하루 숙성 후 다음날 먹었다. 정말이지 〈라뒤레〉 〈피에르 에르메〉 저리 가라 할 정도의 맛이었다.

마스터 셰프의 레스토랑
르 콩투아 뒤 를레

① 업체 정보	Le Comptoir du Relais	
○ 업체 위치	6 Carrefour de l'Odeon, 75006 Paris	
⊙ 영업시간	월-금 12:00~18:00, 토-일 12:00~22:30까지는 브라쓰리로 운영 월-금 저녁 시간에는 가스트로노미로 운영되나 7, 8월과 공휴일에는 종일 브라쓰리로 운영 (12/24~25일, 12/31~1/1 휴무)	
◎ 예약 방법	브라쓰리는 예약을 받지 않고 가스트로노미는 숙박객에 우선권이 주어진다.	
€ 가격	저녁 코스 60유로, 전식 10유로대, 샐러드 10유로 초반, 본식 15~30유로, 후식 5~10유로	
☺ 작가의 말	누군가 내게 '파리 맛집 추천해줘'라고 하면 0순위로 이곳을 꼽는다.	

파리에서 가장 좋아하는 레스토랑을 딱 하나 꼽으라면 자신 있게 말할 수 있는 곳이 바로 〈르 콩투아 뒤 를레〉다. 2011년에 처음 이곳을 찾았고 당시 나는 불어로 된 메뉴판을 읽는 데에 애를 먹었기에 그냥 잘나가는 걸로 달라고 해서 먹어보고는 깜짝 놀랐다. 세상에 이렇게 맛있는 음식이 존재한단 말이야? 나름 프랑스 음식을 즐겨 먹었다고 생각했는데도 그것은 지금껏 먹어왔던 그 어떤 것들하고도 비교할 수 없는 맛이었다. 이후 줄을 서지 않기 위해 매번 12시 오픈 시각에 딱 맞추어 들어가 매번 다른 요리를 골라 맛보았었는데 그 어느 것 하나도 실망한 적이 없었다.

그런데 알고 보니 이곳의 셰프가 바로 비스트로노미의 창시자라 불리는 이브 캉드보르드 셰프였던 것. 생트로페의 미슐랭 2스타 레스토랑 〈레 무스카르당〉을 거쳐 파리로 상경한 후 〈리츠〉, 〈라 마레〉, 〈라 투르 다르장〉, 〈를레 루이 트레즈〉를 거쳐 〈르 크리용〉에서 크리스티앙 콩스탕 셰프의 수셰프로 일하다 1991년 파리의 아주 후미진 곳에 〈라 헤갈

라드〉라는 작은 식당을 열었는데 지리적 한계에도 불구하고 연일 만석을 이뤘다고 하니 그야말로 전설과도 같은 셰프다. 그러다 돌연 2004년 브루노 두세 셰프에게 가게를 넘긴 그가 2005년 시내 중심의 4성급 호텔 르 를레 생제르맹을 인수하며 호텔 1층에 자리한 레스토랑에 다시 등장하였으니, 그곳이 바로 〈르 콩투아 뒤 를레〉다.

저녁은 가스트로노미로 운영되는데, 예약이 하도 치열해 예약 우선권이 주어지는 호텔 투숙객이 되지 않는 한 불가능할 정도라고 한다. 그래서 그 호텔에 묵어서라도 먹어보고 싶었지만 안타깝게도 여름에는 종일 브라쓰리로만 운영되었다. 그래서 처음 느꼈던 감동이라도 다시 느껴보고자 이곳을 처음 들렀을 때 먹었던 메뉴들을 다시 주문해보았다. 입에 착착 감기는 것이 그때 그 감동 그대로다.

이곳의 옆에는 오르되브르(hors-d'oeuvre, 주요 요리를 제외한)를 파는, 바 형태의 〈라방 콩투아〉('콩투아 전에'라는 뜻으로 〈르 콩투아〉에서 제공되지 않는 어뮤즈 부쉬 및 샌드위치 등을 판매한다)가 있는데 여기서 파는 음식들도 정말 맛있다. 〈르 콩투아〉에 자리가 없어 줄을 설 때 종종 이곳에서 대기하다가 몇 가지를 맛본 적이 있다. 그때 먹었던 한입에 후루룩 털어 마시는 수프는 정말 평생 못 잊을 맛을 선사했다.

식사중에는 거리의 악사들이 나타나 흥겨운 연주를 해주었는데 그들의 신나는 음악을 들으며 먹자니 식사는 이내 더욱 즐거웠다. 파리의 낭만에는 이렇게 다양한 요소가 한데 섞여 있다.

1. 이런 투박한 커틀러리가 바로 비스트로노미의 상징. 명품 커틀러리는 필요없다!

2. 프랑스 루아르지방의 소뮈르에서 생산된 레드 와인. 한 잔에 5유로

3. 식사와 곁들여 먹는 빵

4. 비스크 수프, 진짜 너무 맛있다. 당신은 천재야!

5. 에스까르고 12마리. 통통하고 쫄깃한 살과 고소한 버터의 맛이 아주 잘 어울린다

6. 플레르 드 셀. 소금의 꽃이란 뜻으로 프랑스의 비싼 고급 소금이다

7. 대표 메뉴 중 하나인 돼지 다리, 즉 프랑스식 족발. 깊은 맛이 장난 아니다!

8. 또다른 대표 메뉴 젖먹이 돼지 요리. 새끼 돼지가 얼마나 쫄깃한지는 먹어봐야 안다.

DAY 24

일본인이 하는 프렌치 레스토랑
A.T

ⓘ 업체 정보	Restaurant A.T
○ 업체 위치	4 Rue du Cardinal Lemoine, 75005 Paris
⊙ 영업시간	화–토 12:15~14:00, 20:00~21:30, 일–월 휴무
◎ 예약 방법	이메일 예약 info@atsushitanaka.com 전화 예약 +33 1 56 81 94 08
€ 가격	점심 코스 35유로, 저녁 코스 95유로
☺ 작가의 말	파리의 따끈따끈한 신상 레스토랑 발견!

일본인 다나카 아츠시 셰프의 레스토랑 〈A.T〉는 2014년 4월 8일에 문을 연 따끈따끈한 식당이다. 학창 시절 피에르 가니에르의 책을 보고 완전히 반해 2006년 그의 사단에 합류한 그는 그곳에서 몇 년을 보내고 스페인으로 건너가 분자 요리와 해산물 요리를 다루는 법을 배웠고, 2010년에는 벨기에로 건너갔다. 이후 덴마크 코펜하겐, 스웨덴 스톡홀름 등을 거치며 요리의 지변을 넓힌 그가 파리로 돌아와 문을 연 것이 바로 이 〈A.T〉다. 흥미롭게도 그의 주방은 프랑스 사람 한 명 없이 우선 셰프 본인부터가 일본인이고 그 외에 네덜란드인, 일본인, 스웨덴인 등으로 구성되어 있다.

45유로의 점심 코스를 주문했는데, 정말 깔끔히 맛있게 떨어지는 식사였다. 코스 시작 전에 추가 요금으로 푸아그라를 먹겠냐고 제안했을 때 괜찮다고 거절했으나, 코스가 진행되는 동안 그의 요리에 완전히 반해 코스가 끝날 때 즈음엔 추가 요금을 내고 초콜릿 디저트를 주문했다 (푸아그라를 추가 요금 내고 먹지 않은 게 두고두고 아쉽다).

미니멀리즘을 추구한다는 그는 과연 일본인다운 정교함으로 더할 나위 없는 요리들을 만들어냈다.

프랑스 요리 바탕에 일본식 가이세키 느낌과 북유럽식의 간결함이 모두 더해진 형태와 맛이랄까. 코스 요리에는 이탈리아 피아몬테 지방의 와인이 나오고 이탈리아 빵인 포카치아에 스페인산 올리브 오일을 곁들인 것을 보면 프랑스인이 운영하는 식당이 아니어서인지 딱히 프랑스의 와인이나 빵만을 고집하지는 않는 듯했다. 이렇게 맛있을 줄 알았으면 85유로짜리 데귀스따시옹을 시킬 걸 그랬다. 분명 미슐랭 별 하나쯤은 쉽게 받을 줄 알았는데, 아쉽게도 2015년까지는 별을 받지 못했다. 2016년 이후로는 좋은 소식이 있기를.

1. 숯을 발라 튀겨낸 쌀 과자. 바삭한 식감이 입맛을 잘 돋우어주었다

2. 감자와 노간주나무 열매를 곁들인 연어

3. 노란 비트와 로즈마리를 곁들인 송아지

4. 모과와 양배추를 곁들인 참치

5. 프랑스 루아르 지방의 부브레에서 생산된 AOC 등급의 화이트 와인

6. 이탈리아 피에몬테 지방 로에로에서 네비올로 품종으로 생산된 DOCG 등급의 레드 와인

7. 미나리와 홍합을 곁들인 대구 요리

8. 포카치아와 스페인산 올리브 오일

9. 양고기 즙으로 만든 소스를 곁들인 양고기. 세상에, 이렇게 맛있는 양고기라니!

10. 레드 비트와 산딸기로 만든 디저트

11. 추가 요금을 지불하고 맛본 초콜릿 디저트

12. 에스프레소로 깔끔하게 마무리

예약은 중요한 거예요
미스 런치

ⓘ	업체 정보	Miss Lunch
◉	업체 위치	3 Rue Antoine Vollon, 75012 Paris
◔	영업시간	수-토 12:30~14:30, 목-금 19:30~21:30, 일-화 휴무
◎	예약 방법	온라인 예약 http://www.lafourchette.com
€	가격	전식 5.5유로, 본식 12유로, 후식 5.5유로
☺	작가의 말	완성도는 조금 아쉽지만 23유로에 매주 바뀌는 3코스의 가정식을 즐길 수 있다는 것은 큰 장점이다.

파리 12구에는 에콜 데 보자르(프랑스 고등 미술학교)를 졸업한 올리비에 보숑이 운영하는 〈미스 런치〉가 있다. 이곳은 운영방식이 매우 독특한데, 하루에 2번(점심, 저녁) 영업하는 식당을 기준으로 보았을 때, 1주일 동안 쉬지 않고 영업을 하면 총 14번의 영업시간을 갖게 된다. 그러나 그녀는 1주일에 4일, 그나마도 총 6번의 영업시간만을 갖고 전식 5.5유로, 본식 12유로, 후식 5.5유로의 음식만을 판매할 뿐이다. 그녀는 여타 다른 레스토랑들의 셰프들처럼 유명 셰프 밑에서 도제식으로 차근차근 단계를 밟아가며 혹독하게 요리를 배워온 요리사가 아닌, 가정집에서 친구들에게 대접하듯 그저 즐겁게 요리하는 요리사이다. 그래서인지 메뉴 구성도 가정식, 정말 아는 누나네 집에서 먹는 기분이다.

그런데 이곳에서 한 가지 실수를 했다. 사전에 4명을 예약해두었는데 파리에서 만난 사람들 중 나랑 같이 식사하고 싶어하는 사람들이 있어 총 6명이 방문하게 된 것이다. 2명쯤 늘어도 괜찮겠지 안일하게 생각했는데 마침 이날 딱 만석이었던 것. 그래서 뒤늦게 합류한 두 사람을 보내야 했는데 그게 참 미안했다. 작은 거절을 망설이면 더 큰 실례가 될 수 있다는 것을 깨달았다. 앞으론 정말 주의해야겠다.

1. 프랑스 프로방스 지역의 로제 와인. 다른 식당에서는 보기 힘든 가정식 비닐 칠링 팩

2. 아보카도 무스

3. 차가운 주키니 호박 수프

4. 오이와 멜론을 곁들인 닭고기 샐러드

5. 고수와 생강 그리고 토마토를 곁들인 연어 구이

6. 프랄린 무스

7. 요거트 판나 코타

DAY 25

프랑스 식자재 천국
라 그랑드 에피스리 드 파리

ⓘ 업체 정보	La Grande Épicerie de Paris
📍 업체 위치	38 Rue de Sèvres, 75007 Paris
⏱ 영업시간	월-토 08:30~21:00, 일 휴무
☺ 작가의 말	규모에 놀라고 품질에 다시 한번 놀라는, 식도락가들에겐 천국과도 같은 곳.

프랑스 전역에서 가장 엄선된 식재료를 구할 수 있는 곳이 파리에 있다. 바로 봉 마르셰 백화점의 〈라 그랑드 에피스리 파리〉. 예전에 이 근방의 식당에 예약 시간보다 늦게 도착한 탓에 2시간 뒤에나 식사가 가능하다는 말에 울며 겨자 먹기로 이곳 정육점에서 스테이크용 고기를 한 근 사서 집에서 구워먹은 적이 있다. 그런데 깜짝 놀라고 말았다. 숙성육이었는데 그 맛이 너무나 뛰어났던 것이었다.

다양하고 신선한 온갖 식재료를 구할 수 있으니 파리에서 이것저것 요리해 먹을 사람이라면 이곳이 정답이다. 물론 온갖 가공품도 다양하게 판매하고 있으니 한국으로 사 가지고 들어올 무언가를 찾는 사람들에게도 흥미롭게 볼 수 있을 것이다.

세계적인 수준의 프랑스 요리 학교
르 꼬르동 블루

ⓘ 업체 정보	Le Cordon Bleu
◯ 업체 위치	8 Rue Leon Delhomme, 75015 Paris
⊗ 영업시간	일 휴무, 홈페이지에서 시간표를 확인할 수 있다.
◉ 예약 방법	온라인 예약 http://www.cordonbleu.edu
€ 가격	단기 수업 180유로
☺ 작가의 말	프랑스 요리를 좋아한다면 누구나 한 번쯤 들어봤을 그 이름, 르 꼬르동 블루!

파리에는 1895년에 문을 연 〈르 꼬르동 블루〉라는 세계적 명성의 요리 학교가 있다. 지난 2002년 숙명여대에 그 분점을 열었기에 이제는 좀더 가까이에서도 접할 수 있지만, 음식이란 그 나라의 문화, 식재료와 불가분의 관계이므로 여전히 파리에 있는 본점이 최고로 여겨진다. 이제는 이 학교를 졸업한 한국인 셰프들도 셀 수 없이 많아 예전처럼 학교 졸업장 하나 들고 한국으로 와서 셰프라는 명함을 내밀기는 어쩐지 머쓱하지만 그럼에도 이 학교가 프랑스 요리에 미친 영향의 지대함은 그 누구도 부정하지 못한다. 그렇기에 이곳은 내게 언젠가 한번은 꼭 다녀보고픈 로망이 있는 곳이었다. 이번 여정에서는 그 맛을 살짝이라도 맛볼 요량으로 단기 수업을 등록했다.

르 꼬르동 블루 체험
르 꼬르동 베르

내가 신청한 수업은 〈꼬르동 베르〉라는 제목의 채식주의자 요리 수업이었다. 채식주의자가 아닌데다가 채소를 즐기지 않는 편이지만, 이번 기회에 채소를 맛있게 요리하는 법을 제대로 배워 채소를 좀더 먹어보고자 했다. 이 수업은 런던과 보르도의 미슐랭 레스토랑들뿐만 아니라, 러시아, 남미, 아프리카, 중동 등의 국가에서 요리해오다 학교에 부임한 지는 얼마 되지 않은 올리비에 팔루뜨 셰프가 진행했다.

〈쿠킹 위드 클래스〉에서의 수업이 아마추어들을 위한 즐거운 취미 수업에 가까웠다면, 이곳의 수업은 굉장히 빠르고 동시 진행적으로 흡사 실제 주방에 있는 듯 정신이 없었다. 셰프는 불어로 이야기했고 한 박자 뒤에 보조가 영어로 통역해주었는데, 그걸 알아듣기 위해서도 무던히 애써야 했다. 셰프는 계속해서 이해했으면 '네, 셰프!(Oui, Chef!)'라고 외치라고 했지만 나는 입으로는 그렇게 외치면서 사실 무얼 해야 좋을지 몰라 주변 사람들의 행동을 눈치로 자꾸 살폈다.

셰프는 "여기 엄격한 채식주의자는 없지? 난 육식주의자라고. 고기가 얼마나 맛있는데!"라며 버터를 강조했지만, 대부분이 진짜 채식주의자들이었기에 나를 포함한 몇 안 되는 사람들만 버터를 듬뿍 넣었다. 여기저기 돌아다니며 맛을 보던 셰프는 내 요리를 맛보곤 윙크를 날리며 엄지를 척 치켜세워주었다.

다음 수업 수강생들이 기다리고 있는 관계로 마감 시간이 되자 셰프는 "5분! 2분!"을 외치며 다급하게 쪼아댔고 정말 정신없이 요리를 마무리했다. 그렇게 무사히 마친 후 수료증을 받아들고 음식들을 집으로 가져와 맛있게 먹었다. 내가 만들었지만 참 맛있다.

설탕막을 입힌 콩, 아스파라거스, 당근, 애호박 등의 제철 채소들

파르메산 치즈와 바질, 토마토, 모차렐라 치즈를 넣어 만든 가지 테린

으깬 감자와 토마토 쿨리

월드 베스트 레스토랑 21위
르 샤또브리앙

① 업체 정보	Le Chateaubriand
◎ 업체 위치	129 Avenue Parmentier, 75011 Paris
◎ 영업시간	화–토 19:30~22:30, 일–월 휴무
◎ 예약 방법	전화 예약 +33 1 43 57 45 95 (방문 2주 전부터 가능)
€ 가격	매일 다르게 구성되는 코스 65유로
☺ 작가의 말	역시 음식은 직접 먹어봐야 안다. 세상에서 가장 창의적이고 맛있는 레스토랑!

파리에서의 마지막 식사로 고른 곳은 바로 11구의 〈르 샤또브리앙〉. 미식가들 사이에서 크게 호불호가 갈림에도 꾸준히 베스트 레스토랑 어워드에 이름을 올리는 곳이다.

이곳의 장점이자 단점이 바로 파격적인 창의성인데, 이곳의 세컨 레스토랑 〈르 도팽〉에서 2년을 일하다 돌아온, 르 꼬르동 블루 출신 이충후

셰프의 〈제로 컴플렉스〉가 독특하고 마음에 들었기에 한껏 기대를 품고 방문했다. 이나키 아이즈피타르테 셰프는 어릴 때부터 요리를 해온 사람이 아니라 20대 후반에 이스라엘을 여행하던 도중 돈이 떨어져 주방에서 접시닦이 알바를 한 것을 계기로 요리에 흥미 붙여 여러 식당을 전전하며 독학으로 요리를 배운 사람이다.

원래 7시 반부터 진행되는 예약제인 1부에 이름을 올려두었지만 예약 확인 전화를 놓친 탓에 예약 없이 선착순으로 9시 반 이후부터 진행되는 2부를 기다려야 했다. 인근의 카페에 앉아 2시간여 수다를 떨다가 10시가 넘어서야 간신히 자리에 앉을 수 있었고, 우리는 너무나 배고팠기에 '맛없기만 해봐'라며 눈을 이글거렸다.

하지만, 기나긴 기다림이 정말 조금도 아깝지 않을 만큼 너무도 즐겁고 신나는 식사였다. 〈제로 컴플렉스〉를 비하할 생각은 추호도 없지만, 이곳에 비하면 그곳은 새발의 피가 아니었을까 싶을 만큼 그 맛과 분위기 등이 상이하게 달랐다. 시끌벅적한 그곳의 분위기와 더불어 사람들과 즐겁게 떠들었고 음식과 와인을 어찌나 독특하게 매칭했는지, 송아지 요리에 샴페인을 마시는 건 프랑스 요리를 즐긴 이래 처음 겪는 일이었는데도 그 조화가 너무도 탁월해 와인을 많이 마셨고 그것이 식사를 더욱더 빛나게 했다.

1. 프랑스 탄산수 바두아. 이외에 총 3잔의 와인을 매칭해서 마셨다

2. 염소 치즈를 넣은 고소한 과자, 구제흐

3. 한입에 들이켠 상큼한 세비체

4. 라즈베리 가루를 뿌린 바삭한 생선 튀김

5. 젤리화시킨 창조적인 형태의 비스크

6. 식사와 곁들여 먹는 호밀빵

7. 커피 원두를 넣어 독특한 풍미를 살린 버터넛 스쿼시 수프

8. 매운 고추와 나물을 곁들인 IGP 등급의 프랑스 로제르산 새끼 양

9. 생선 스튜를 곁들인 이탈리아 시칠리아 양파와 프랑스 생장드뤼즈산 참치

10. 아몬드와 미나리를 곁들인 젖먹이 새끼 송아지. 피노 누아 품종의 밀레짐므 샴페인을 곁들였다

11. 프랑스 브르타뉴 지방의 버터밀크 아이스크림

12. 아몬드 머랭에 캐러멜화한 달걀노른자를 올린 이곳 대표 디저트, 토시노데시엘로

13. 톡톡 튀는 캔디를 얹은 무화과

부다페스트

DAY 26

글루미 선데이
군델

ⓘ 업체 정보	Gundel	
◯ 업체 위치	Budapest, Gundel Károly út 4, 1146	
⊘ 영업시간	월~일 12:00~00:00	
◎ 예약 방법	온라인 예약 http://www.gundel.hu/en/table-reservation/	
Ft 가격	점심 코스 4900포린트・6500포린트, 군델 펄러친터 2500포린트, 커피 음료 900포린트	
☺ 작가의 말	단품 외에 점심과 저녁 코스가 있고 일요일에는 브런치 뷔페를 운영한다.	

1910년에 커로이 군델이 문을 연 〈군델〉은 헝가리 전통 요리들을 재해석하여 세련되고 고급스러운 요리들로 재탄생시킨, 헝가리 음식의 역사에서 절대로 빠질 수 없는, 자타공인 헝가리 대표 레스토랑이다. 영화 〈글루미 선데이〉에서 경쟁 업체로 〈군델〉을 지목하지만 실상은 영화의 촬영지가 바로 〈군델〉이다.

헝가리에는 헝가리식 크레이프인 군델 펄러친터가 있다. 이름에서부터 유추할 수 있듯이 이곳에서 탄생하였다. 실내는 너무 화려해서 어쩐지 조금은 위축되기도 했고 아직 선데이 브런치를 즐기는 사람들이 있어 야외 정원에 자리했다. 싱그러운 여름날 음악가의 잔잔한 기타 연주를 들으며 정원의 한 테이블에 앉아 있는 것만한 신선놀음도 없을 것이다. 군델 펄러친터는 견과류를 넣고 크레이프를 만 후 초콜릿 시럽을 뿌린 것으로, 프랑스에서 즐겨 먹는 바나나와 누텔라를 넣어 만드는 크레이프와는 맛이 또 달랐다. 실은 무엇보다도 헝가리 대표 디저트를 처음 만든 헝가리 대표 레스토랑에서 즐기는 게 더 잊지 못할 경험이겠지만.

헝가리 요리의 진수
클러스

ⓘ **업체 정보**	Klassz
업체 위치	Budapest, Andrássy u. 41, 1171
영업시간	월-일 11:30~23:00
가격	수프 950~1050포린트, 전식 1800~2690포린트, 본식 1890~5490포린트, 디저트 890~1990포린트
작가의 말	헝가리 요리가 얼마나 맛있는지 알려면 이곳으로 가자.

〈클러스〉는 부다페스트의 유명 와인 유통업체 보르터르셔셔그에서 운영하는 식당이다. 〈군델〉 같은 가스트로노미 식당이 아닌 비스트로 식당으로 예약은 받지 않는다. 분위기가 편하다고 해서 요리까지 평범할 거라 생각하면 큰 오산. 이날 같이 식사한 친구는 내게 조심스레 이렇게 말했다.

"형, 이 식당은 형 책에서 빼주시면 안 될까요? 이렇게 훌륭한 식당은 널리 알려지지 않았으면 좋겠어요. 제 생에 이토록 환상적인 식당은 처음이라 저만 알고 싶어요."

그만큼 이곳은 지금껏 먹어온 것들을 통틀어도 손에 꼽을 만한 요리들을 선보여주었다. 푸아그라의 제1생산지는 프랑스지만 제2생산지는 바로 헝가리이다. 헝가리에선 프랑스 못지않게 푸아그라가 많이 생산되고 있는데 질적으로 전혀 떨어지지 않지만 가격은 훨씬 저렴하다. 여기서 맛본 푸아그라는 맛과 향, 질감 모두 냉동으로 수입되는 한국의 푸아그라들과는 비교도 안 되게 그 풍미가 강하고 식감 또한 뛰어나다. 이런 요리가 단돈 만 원이라니. 헝가리가 아니고는 절대 불가능한 가격이다.

헝가리 하면 많이들 떠올리는 헝가리식 스튜 굴라시와 파프리카도 빼먹으면 섭섭하다. 그리고 헝가리의 히든카드 돼지인 만갈리차까지 모두 이곳에서 맛볼 수 있었으니 그야말로 헝가리 요리의 진수를 보여주었다고 해도 과언이 아니다. 또한 유명 와인 유통업체에서 운영하는 만큼, 와인 리스트가 아주 훌륭하고 가격 또한 저렴하여 헝가리를 대표하는 에게르 지역의 레드 와인 중 최상품의 것도 부담 없는 가격에 맛볼 수 있었는데, 그 가격에 어디서도 맛보기 힘든 아주 질 좋은 와인이었기에 식사는 더욱 즐거웠다.

세계 3대 귀부 와인으로 불리는 토카이 와인 중 4와 5 뿌또뇨스를 사왔는데, 한국에선 구하기도 힘들고 가격도 무려 4배였다.

1. '황소의 피'라는 별명이 붙은 헝가리 에게르 지역의 수페리어 등급 레드 와인

2. 식사와 곁들여 먹는 빵, 버터

3. 파프리카로 진하게 양념하여 매콤한 맛이 특징인 헝가리식 소고기 채소 스튜인 굴라시 수프

4. 제철 과일 수프. 블루베리로 만들어서 독특했으나 기대보다 아쉬웠다

5. 꿀에 절인 살구를 곁들인 푸아그라. 내 인생 최고의 푸아그라!

6. 헝가리가 파프리카가 유명하다고 하여 주문해본, 구운 파프리카를 곁들인 토마토 부르스케타

7. 사워크림과 감자 그라탕을 곁들인 헝가리 고유 품종의 돼지 만갈리차 구이

8. 감자튀김을 곁들인 부다페스트 스타일의 소고기 안심 스테이크

`DAY 27` 부다페스트 미식 투어

테이스트 헝가리

① 업체 정보	Taste Hungary
◎ 예약 방법	홈페이지에서 여러 투어의 시간표를 확인할 수 있다. 온라인 예약 http://tastehungary.com
Ⓕ 가격	90달러
☺ 작가의 말	투어는 전부 영어로 진행되며 중앙시장은 그 투어의 약속 장소이다.

국내에서 접하기 쉽지 않은 헝가리 음식은 내게 굉장히 낯선 존재였다. 그러나 모르면 배우면 그만. 그래서 중앙시장을 구경하는 〈테이스트 헝가리〉의 미식 투어를 신청했다.

유니쿰

유럽에서 가장 오래된 약초주 중 하나인 유니쿰(Unicum)은 1790년 궁중 주치의였던 츠박 박사가 신성로마제국과 헝가리의 왕이었던 요셉2세에게 소화제로 바친 것으로, 이를 맛본 왕이 '츠박 박사. 이것 참 독특(Unikum)하군!'이라 말한 데서 시작됐다. 소화에 특효가 있는 이 약초주는 40여 가지의 헝가리 약초가 들어가는데, 정확히 무엇이 들어가고 어떤 비율로 섞이는지 가문 사람들 외에는 아무도 모른다. 심지어 2차 세계대전중 헝가리가 침략받을 때에는 조리법을 빼앗기지 않기 위해 공장 문을 닫고 미국으로 도망가기도 했다.

나는 술을 많이 마시는 편이 아닐뿐더러 마시는 것 중 도수가 높다고 칠 만한 거라고 해봐야 20도 정도의 달달한 술뿐이라, 이렇게 40도를 웃도는 코냑이나 그라빠 같은 독주는 잘 마시지 못한다. 그런 내게 유니쿰은 허브향이 강하고 독특한, 어른의 술 같았다. 시내 대부분의 카페에서 이 유니쿰을 판매하고 있다.

콜바스

한 육가공품점에 들렀다. 헝가리에서는 육가공품점을 '콜바스'라 부른다. 이미 이탈리아에서 육가공품들을 많이 맛보고 온 터라 크게 기대를 하지 않았는데, 의외로 맛이 매콤하고 강렬한 것이 입에 착착 달라붙는다. 특히나 말고기는 육향이 특이하고 그 맛이 독특하다. 언뜻 서유럽에 비해 거칠고 투박해 보이지만서도 고유의 색을 갖고 있는 헝가리는 참 매력 있는 나라다.

파프리카

파프리카는 헝가리의 대표 산물답게 부다페스트 중앙시장에서 정말 많이 팔고 있었다. 나는 파프리카라고 하면 빨간색과 초록색, 노란색 정도만 있는 줄 알았다. 그런데 웬걸, 주황색도, 흰색도 있었다. 총 12가지의 색이 있으며, 각각의 맛이 다르다고 한다. 파프리카 가루를 두 종류 사와 집에서 요리할 때 넣어 먹고 있는데 신기하게 굴라시맛이 자꾸 난다. 굴라시의 비밀은 파프리카 고추에 있는 게 분명하다!

치즈

시장에서 마지막으로 간 곳은 치즈 가게. 가이드는 염소, 양, 소의 젖으로 만든 세 가지의 치즈를 주었는데 그 맛과 향이 제각각이라 비교 시식해보는 게 아주 흥미로웠다. 그리고 여담이지만 마지막에 재미로 잘라준 초콜릿으로 감싼 치즈 과자가 진짜 맛있었다. 농담이 아니라 진짜로 몇 개 사들고 항상 주머니에 넣어두고 다니고픈 그런 맛이었다. 배고플 때, 우울할 때, 졸릴 때, 한입씩 베어 물면 모든 문제가 다 해결될 것 같은 든든한 느낌!

란고시

란고시는 헝가리의 대중적인 패스트푸드로 길거리에서 사람들이 먹는 빵이다.

갓 가져와 뜨거운 김이 모락모락 나는 빵을 한입 베어 물자 강한 마늘 향과 기름맛이 느껴졌다. 기름에 튀긴 란고시는 우리나라의 호떡이나 미국의 도넛과 유사하다. 뜯어먹기 좋게 납작하게 생겼는데, 마늘을 어찌나 넣었는지 딱 우리나라 사람들이 좋아할 것 같았다. 실제로 헝가리 음식들 중엔 마늘과 파프리카 고추 등 한국에서 즐겨 쓰이는 식재료들이 많다.

빵 이야기가 나왔으니 여담으로 하는 말인데, 흔히들 프랑스 빵이라고만 알고 있는 크루아상은 사실 헝가리에서 유래된 빵으로 이것이 오스트리아로 전해졌고 이후 마리 앙투아네트에 의해 프랑스로 전해져 현재의 모습을 갖췄다.

디스노토로스 식당

- **업체 정보** Belvárosi Disznótoros
- **업체 위치** Budapest, Károlyi utca 17, 1053
- **영업시간** 월-금 07:00~20:00, 토 07:00~15:00, 일 휴무
- **작가의 말** 현지인들만 알 법한 비밀스러운 곳.

영어라곤 찾아보기 힘든 식당. 먹는 내내 관광객으로 보이는 사람이 단 한 명도 없었다. 좋게 말하면 '현지인 밥집', 다르게 보면 가이드 없이 올 수 있을까 의문이 드는 곳. 좌석이 따로 없어서 다들 서서 먹는 것이 매우 특이한 풍경이었다. 실제로 미리 조리해둔 음식을 팔고 있다. 우리도 예외는 아니어서 서서 먹어야 했지만 다행히 바깥의 큰 테이블을 차지해 음식들을 전부 펼쳐놓고 먹었다. 소시지와 오리 꽁피, 감자튀김 등은 서유럽의 것들과 유사했지만 다른 음식들은 서유럽에서 맛보기 힘들었던 것이라 신선했다. 수박을 썰어놓고 후식으로 먹게 두었다. 매우 친숙한 풍경이다. 헝가리는 우리나라와 많이도 닮았다.

아우구스트 추크라스더

ⓘ 업체 정보	Auguszt cukrászda, belváros
◯ 업체 위치	Budapest, Kossuth Lajos utca 14-16, 1053
ⓥ 영업시간	월-금 09:00~19:00, 토 11:00~18:00, 일 휴무
Ⓕ 가격	500~700포린트
☺ 작가의 말	헝가리 디저트가 궁금하다면 이곳이 제격.

1870년에 에렉 아우구스트가 부다페스트에 문을 연 〈아우구스트 추크라스더〉는 그의 아들이 1896년 국가 박람회에서 금메달을 따면서 그 명성을 널리 알렸다. 이후 2차세계대전을 겪으며 문을 여닫기를 반복한 곳으로 헝가리 디저트계의 산 산물로 불린다.

호두가 든 스펀지케이크와 바닐라 크림이 겹겹이 뒤섞여 있고 겉에는 화이트 초콜릿으로 감싼 에스테르하지와, 전통적인 방법으로 바닐라 크림을 사용해 만든 아우구스트식 커스터드 조각 케이크, 유명 페이스트리 셰프 조셉 도보스가 개발한 세계 최초의 버터케이크인 겉에 캐러멜 층을 씌운 초콜릿 케이크 도보스. 이렇게 3가지 디저트를 맛보았는데 맛있긴 했지만 솔직히 말하면 역시 디저트는 프랑스가 강국이다. 그럼에도 가본 제과점 중 웅장함과 고풍스러움으로는 손에 꼽을 만했다. 부다페스트에 총 3개의 지점이 있으며 여름에는 토요일도 영업을 쉰다.

보르비로셔그

❗ 업체 정보	Borbíróság
📍 업체 위치	Budapest, Csarnok tér 5, 1093
⏰ 영업시간	월–토 12:00~23:30
💵 가격	토카이 와인 9000포린트. 가격차가 크다.
😊 작가의 말	기억해, 화이트는 토카이, 레드는 에게르!

마지막으로 한 와인 바에 들렀다. 토카이 화이트 와인, 에게르 레드 와인 그리고 늦수확하여 당도를 높인 토카이 디저트 와인. 이렇게 3종류의 와인을 맛보았는데, 확실히 헝가리 와인은 매력 있는 것 같다. 극도의 섬세한 맛을 따지기에는 프랑스에 비할 수 있을지 모르겠지만 가격 대비 그냥 편하게 일상적으로 즐기기에는 이만한 게 없을 것 같다. 내게 헝가리가 너무 낯선 도시였기 때문일까. 〈테이스트 헝가리〉 미식 투어 동안 가이드를 마치 한 명의 현지인 친구 삼아 시내 곳곳을 둘러보며 산책한 것 같았는데 그게 참으로 기분이 좋았다.

DAY 28

아침으로 굴라시 수프를
뮈베스 카페

① 업체 정보	Müvész Kávéház
○ 업체 위치	Budapest, Andrassy út 29, 1061
ⓥ 영업시간	월-토 09:00~22:00, 일 10:00~22:00
ⓕ 가격	굴라시와 빵 850포린트, 오늘의 수프 550 포린트, 샐러드 1090-1190포린트
☺ 작가의 말	헝가리에 왔다면 굴라시 한 뚝배기 먹어볼 것.

숙소가 안드라시 거리에 있었다. 그 거리가 유독 아름다워 숙소를 나서자마자 보이는 풍경에 아침부터 기분이 좋아졌다. 여행은 아무래도 날씨의 영향을 받기 마련인데, 날씨가 좋아 마음까지 산들산들했다. 뭘 해도 잘 풀릴 것 같은 그런 날씨였다.

〈뮈베스 카페〉는 1898년에 문을 연 전통 있는 카페다. 간단한 음식들도 판매하는데 빵을 곁들인 전통 굴라시 수프도 판다. 파프리카 가루와 후추로 양념을 한 것으로 얼핏 육개장 같기도 하고 갈비찜 같기도 하다. 국물 문화에 익숙한 한국인인지라 어쩐지 낯익은 그것을 그야말로 폭풍 흡입했다. 같이 내어준 빵으로 바닥까지 싹싹 긁어먹는 건 당연지사. 가격은 약 3,500원. 이 정도면 아침식사로 훌륭하다.

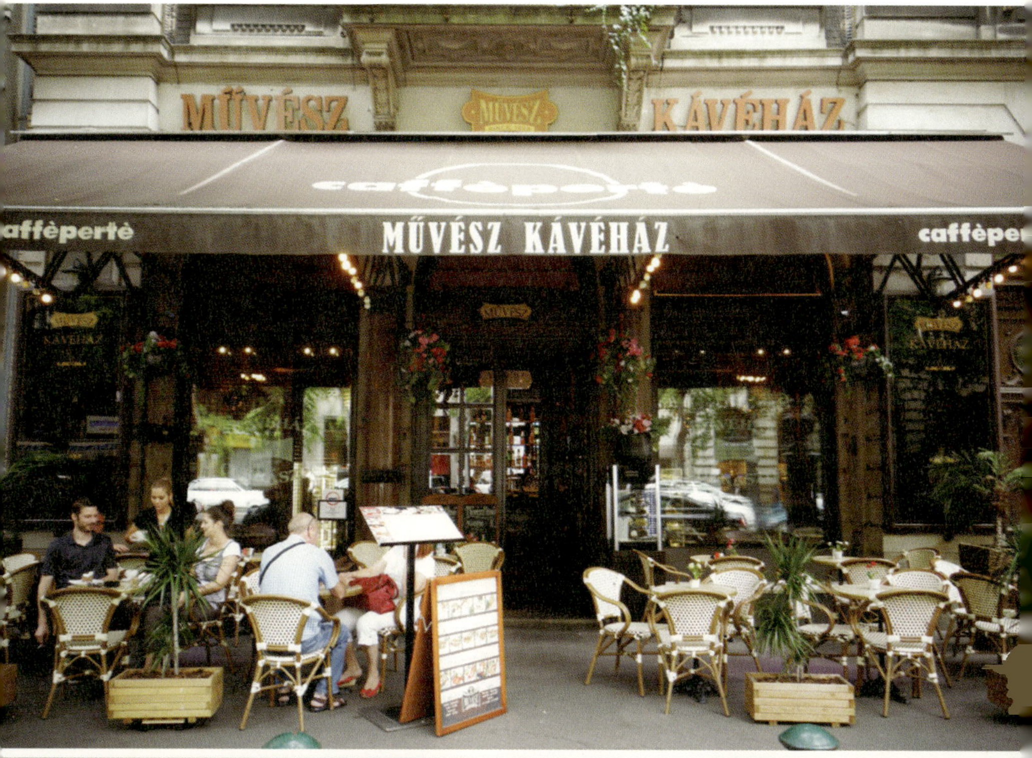
MŰVÉSZ
KÁVÉHÁZ
caffèpertè
MŰVÉSZ KÁVÉHÁZ
caffèpertè
caffèper

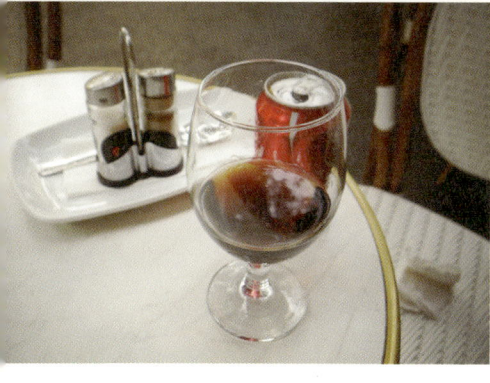

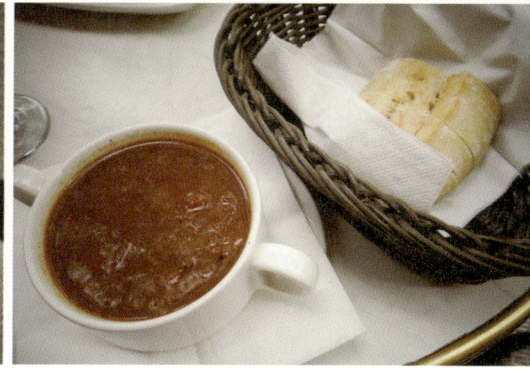

세련된 헝가리 요리
보크 비스트로

ⓘ 업체 정보	Bock Bisztró	
○ 업체 위치	Budapest, Erzsébet krt. 43-49, 1073	
⊙ 영업시간	월-토 12:00~00:00, 일 휴무	
◎ 예약 방법	이메일 예약 info@bockbisztro.hu 전화 예약 +36 1 321 0340	
Ⓕ 가격	오늘의 요리 3700포린트, 와인 1잔 788포린트.	
☺ 작가의 말	미슐랭은 이들에게 BIB를 돌려내라!	

〈보크 비스트로〉는 라조스 비로 셰프와 와인 양조자 조제프 보크가 합심하여 2004년에 문을 연 곳으로 비록 2014 미슐랭 가이드에서는 BIB를 잃었지만 전통 헝가리 요리를 세련되게 재해석한 곳으로 잘 알려져 있다. 또한 다양한 종류의 좋은 와인을 저렴한 가격에 마실 수 있기로도 유명하다. 깔끔한 외관에 실내도 현대적으로 잘 꾸며져 있어 첫인상이 좋았는데 자리에 플뢰르 드 셀 드 카마그(fleur de sel de camargue, 프랑스 카마그 지역의 고급 바다 소금)이 놓여 있어 기대치는 점점 더 올라갔다.

종업원에게 요리 추천을 부탁하니 오늘의 요리가 새우튀김을 곁들인 돼지 볼살이라고 친절히 설명해주어 그것과 와인 한 잔을 청했다. 이윽고 그 종업원이 빵과 함께 정제한 돼지고기 지방인 라드를 가져와 호감은 극에 달했고 마침내 받아든 요리는 입에서 살살 녹아내렸다. 새우에 향신료를 입혀 튀긴 듯했는데 그 맛이 오묘했다. 게다가 와인은 어찌나 궁합이 좋던지 소믈리에의 안목에 감탄했다. 그런데 계산서를 보니 요리가 15,000원, 와인은 3,000원밖에 나오지 않았다.

커피 한잔 할까요
센트럴 카페

① 업체 정보	Centrál Kávéház
○ 업체 위치	Budapest, Károlyi utca 9, 1053
⌄ 영업시간	월-일 8:00~23:00
Ft 가격	에스프레소, 아메리카노 450포린트
☺ 작가의 말	부다페스트의 명동이라 불리는 바찌 거리에서 가깝다.

〈센트럴 카페〉는 1887년에 문을 연 카페로 실내의 화려함이 인상적인 곳이다. 하지만 무더운 여름날 한낮의 여유를 즐기기엔 역시 테라스다. 이곳의 대표 메뉴 페이스티 카베를 주문하자 한입 거리 디저트와 커피가 나왔다. 시원한 그늘 밑에서 지나가는 사람들을 보며 커피를 홀짝이자니 이 여유로움에 간지럽도록 행복하다.

유럽에서 가장 전통적인 카페
카페 제르보

- ⓘ **업체 정보** Café Gerbeaud
- 📍 **업체 위치** Budapest, Vörösmarty tér 7-8, 1051
- 🕐 **영업시간** 월-일 09:00~21:00
- 💰 **가격** 하우스커피 850포린트
- 😊 **작가의 말** 롯데에서 세계 14대 카페라고 홍보하던데 그런 건 무슨 기준인 걸까.

제2롯데월드에 입점하여 이제는 많이들 이름을 알고 있는 〈카페 제르보〉는 1858년에 문을 연 유럽의 가장 전통적인 형태의 카페 중 하나이다. 오랜 전통을 자랑하는 고급 카페로 실내는 대형 샹들리에와 이국적인 느낌의 가구들로 가득하다. 예전부터 헝가리의 귀족들이 즐겨 찾은 카페이기도 하다. 물론 가격도 굉장히 비싼 편. 오렌지 캐러멜과 라즈베리 맛의 젤라토를 사서 광장에 자리했다. 근처에서 기타를 연주하는 음악가 덕에 제대로 한여름의 휴가를 즐기는 기분이다.

피아노 연주가 있는 곳
북 카페

ⓘ	업체 정보	Book Café – Lotz Hall
◯	업체 위치	Budapest, Andrássy út 39, 1061
⊙	영업시간	월–일 10:00~22:00
Ft	가격	북 카페 1290포린트
☺	작가의 말	화려한 카페의 끝을 보여준다. 당신도 홀리게 될지도.

〈북 카페〉는 1911년에 문을 열었다가 1차세계대전을 겪으며 문을 닫았던 백화점을 그대로 살려 2009년에 다시 문을 열었다. 그래서인지 세상에, 이토록 화려하고 웅장한 카페는 정말 처음 봤다. 그 위용에 완전히 압도되어 홀린 듯 자리에 앉아 대표 메뉴 '북 카페'를 주문했다. 동유럽답게 크림과 이것저것을 올린 커피라 어찌 보면 촌스러웠지만 그래서 더 매력적으로 다가왔다. 〈알렉산드라〉 서점 2층에 자리하고 있다.

부다페스트 미슐랭 1스타
보르코니하 와인키친

- ⓘ **업체 정보** Borkonyha Winekitchen
- 📍 **업체 위치** Budapest, Sas utca 3, 1051
- 🕐 **영업시간** 월-토 12:00~23:30(브레이크타임 16:00~18:00), 일 휴무
- ✉ **예약 방법** 이메일 예약 borkonyha@t-online.hu
  전화 예약 +36 1 266 0835
- 💰 **가격** 전식 2000~3000포린트, 본식 3000~4000포린트, 후식 1650~2850포린트
- 💬 **작가의 말** 헝가리에서는 호사를 누려도 부담되지 않는다. 동유럽 만만세!

2014 미슐랭 가이드에서 새롭게 1스타를 받은 곳이 하나 있으니 그곳이 바로 〈보르코니하 와인키친〉이다. 〈보크 비스트로〉와 〈보르비로셔그〉를 성공적으로 이끈 이들이 합심하여 전통 헝가리 요리를 프랑스 요리 기법을 통해 한 차원 끌어올릴 목적으로 만든 곳으로 주방은 헝가리 유명 레스토랑 〈알라바르도시〉 출신의 아코시 사르코지 셰프가 맡고 있다. 레스토랑 이름으로 와인을 내세운 만큼 와인들의 가격과 구성이 아주 좋다. 주문한 메뉴에 맞춰 추천을 부탁했는데, 정말로 그 맛과 향이 더없이 잘 어울렸다. 전체적인 요리의 완성도는 좋았으나 〈클러스〉에서와 메뉴를 비슷하게 골랐더니 큰 차이는 없어서 조금 아쉬웠다.

1. 식사와 곁들여 먹는 3가지 종류의 빵

2. 헝가리 토카이의 화이트 와인

3. 세계에서 가장 비싼 향신료 샤프란을 넣어 만든 양배추 수프와 훈제한 돼지 정강이

4. 사워 체리와 계피, 완두콩을 곁들인 푸아그라

5. 헝가리 에게르 인근 마을에서 피노 누아 품종으로 생산된 레드 와인

6. 당근, 바질, 푸아그라를 곁들인 오리 다리 꽁피

7. 물냉이와 생강 그리고 버섯을 곁들인 만갈리차

루인 바는 못 갔지만
팁 톱 바

- 업체 정보 Tip Top Bar
- 업체 위치 Budapest, Királyi Pál utca 4, 1053
- 영업시간 월–일 16:00~23:00
- 작가의 말 치타델라에서 보았던 야경보다 이곳에서 보는 야경이 훨씬 좋았다. 진짜로.

'루인 바'는 오래되어 버려진 건물에 자리한 부다페스트에만 있는 독특한 형태의 바를 말한다. 부다페스트를 떠나기 전에 꼭 한번 가보고 싶었는데 참 사람 일이란 게 항상 뜻대로 되진 않는가보다. 분명 낮에 위치를 확인해뒀는데 밤에 찾으려니 어디가 어딘지 알 수가 없었다. 그래서 아쉬운 대로 가이드가 추천해줬던 옥탑 바 〈팁 톱 바〉로 갔다.

무수한 계단에 잠깐 후회하였으나 막상 올라가서 바라본 그 경치는 그 고생을 충분히 보상하고도 남을 만큼 아름다웠다. 그제야 부다페스트의 야경이 파리만큼 아름답다는 것을 인정하기로 했다.

프라하

DAY 29

근사한 아침식사
카페 임페리얼

① 업체 정보	Café Imperial
○ 업체 위치	Na Poříčí 15, 110 00 Praha 1-Petrská čtvrt
⊙ 영업시간	월-일 07:00~23:00
가격	커피 54~65코루나, 아침식사 150~290코루나
☺ 작가의 말	잠시 시간 여행을 다녀온 듯하다. 카프카는 어디에 앉았을까.

아침식사를 하러 〈카페 임페리얼〉로 갔다. 1914년에 문을 연 이 카페는 유명 작가 프란츠 카프카가 자주 드나들었던 곳이다. 100년의 역사를 자랑하듯 높은 층고에 화려한 아르누보 양식과 아르데코 장식으로 꾸며져 있어 처음 문을 열고 들어섰을 때 펼쳐진 그 위용에 잠시 할말을 잃었다. 조식 뷔페를 즐기는 사람들이 많았지만 그리 끌리지 않아 간단히 팬케이크와 커피만 주문했다. 별것 아닌 조식도 이런 장소에서 즐기니 정말로 근사하다. 반면 가격은 의외로 비싸지 않다.

따뜻한 초콜릿 음료 한잔
카페 오베츠니 둠

① 업체 정보	Kavárna Obecní dům
○ 업체 위치	naměsti Republiky 5, 110 00 Praha 1-Staré Městro
⊘ 영업시간	월-일 07:00~23:00
가격	핫 초콜릿 75코루나
☺ 작가의 말	이곳에서 음료 한잔을 즐길 시간은 꼭 빼두자.

〈오베츠니 둠〉은 1912년에 문을 연 카페다. 공화국 광장 주변의 시민회관 건물 1층에 있는데 역시 아르누보 양식으로 지어졌다. 바로 전 방문한 〈카페 임페리얼〉을 비웃기라도 하듯 더 화려한 외관과 실내를 자랑해 잠시 넋을 잃었다. 날씨가 조금 쌀쌀해서 높은 천장과 화려한 샹들리에가 있는 실내에 앉을까 고민하다가 구경 중 구경은 역시 사람 구경인지라 테라스에 앉아 따뜻한 초콜릿 음료를 주문했다. 아주 진득한 맛이 제대로 초콜릿을 녹여 만들었음을 짐작게 했다.

DIVADLO HYBERNIA

DAY 30 프라하 미식 투어

테이스트 프라하

ⓘ 업체 정보	Taste of Prague
◎ 예약 방법	투어는 12:00부터 16:00까지 진행된다. 온라인 예약 http://www.tasteofprague.com
㉽ 가격	2600코루나
☺ 작가의 말	당신이 알던 프라하와 전혀 다른 프라하를 만나게 될 것.

국내에 체코 맥주는 이제 꽤 알려졌고, 서울에는 프라하 식당도 존재하지만 그럼에도 여전히 체코 음식은 우리에게 요원한 존재로 남아 있다. 그래서 부다페스트에서와 마찬가지로 미식 투어를 신청해보았다.

미식 투어를 운영하는 사람은 프라하의 변호사 커플이었는데 그들은 어딘가를 여행할 때마다 사람들로 붐비기만 하는 관광지보다 실제 현지인들이 어떻게 살고 무엇을 먹는지가 더 궁금했다고 한다. 그래서 프라하의 진짜 모습을 사람들에게 알려주고 싶다는 생각에 종일 스마트폰을 쥐고 모니터만 쳐다보던 삶을 그만두고 작은 미식 투어를 운영하기 시작했다고. 그들의 생각이 내가 추구하는 것과 많이 비슷했기 때문인지 이들은 정말로 다른 미식 투어 가이드들과는 달리 굉장히 친근한 친구 같았다. 미식 투어 외에도 와이너리 투어와 숙소 운영도 병행하고 있다.

처음 향한 곳은 공교롭게도 이날 저녁으로 예약해둔 미슐랭 1스타 레스토랑 〈라 데귀스타시옹〉. 2006년 토마시 카르피셰크와 올리코 사하다크가 같이 손을 잡고 문을 연 곳으로, 19세기부터 20세기 초반의 체코 음식, 특히나 1894년에 마리 스보보도바가 쓴 요리책에 기반을 두고 있다. 수셰프가 저녁식사에 제공될 간단한 어뮤즈 부쉬 몇 가지를 맛보게 해주었는데 그 재료 사용이 독특해 인상 깊었다.
수셰프는 육수와 소스를 자랑스럽게 소개하며 저녁 영업을 위해 아침부터 계속 끓이는 중이라고 했다. 오랜 시간을 들여야 하는 것을 정석대로 하는 것을 보니 저녁식사가 무척 기대됐다. 이후 대표 메뉴인 소 혀 요리를 만드는 과정도 보여주었고 직접 재배중인 허브들도 보여주었다. 이 허브에 얽힌 재미난 이야기가 있다. 초기에 허브 재배에 난항을 겪던 그들은 마리화나 재배로 교도소에 수감됐던 재배의 귀재가 풀려나기를 기다렸다가 바로 영입했다고 한다. 가장 놀라웠던 것은 지하에 자리잡고 있던 연구실이었다. 영업을 위한 부엌과 똑같은 크기의 부엌을 하나 더 보유하고 있어 그곳에서는 다양한 연구가 진행되고 있었다.
처음 문을 열 당시엔 〈엘 불리〉로 유명한 분자 요리사 페란 아드리아와 일했던 데이비드가 주방을 맡았기에 그때부터 실험과 연구를 계속 이어오고 있고, 그중 성공한 것들만 메뉴에 올라간다고 했다. 한편에선 요리에 페어링으로 쓰이는 음료와 와인 또한 계속 연구되고 있었다. 신선한 충격이다.

직접 만든 버터밀크와 한련화, 매리골드 꽃을 곁들인 감자 팬케이크

소럴과 토끼 빠떼를 올린 토끼 귀 튀김

딜과 딜 마요네즈를 곁들인 생선 껍질 튀김

소 혀를 자르는 모습

재배중인 허브들

지하에 자리한 연구실

페어링을 위해 준비된 헝가리 와인들

알콜에 약한 사람들을 위해 준비된 무알콜 페어링 음료들

시스터즈

ⓘ 업체 정보	Sisters, chlebičky Praha
◯ 업체 위치	Dlouha 727/39, Stare Město, 110 00 Praha-Praha 1
⏱ 영업시간	월-금 09:00~18:00, 토-일 휴무
☺ 작가의 말	프라하식 아침식사를 맛보자.

〈시스터즈〉는 빵 위에 여러 가지 재료를 올리고 그 위에 빵을 덮지 않은 형태의 오픈 샌드위치를 파는 가게다. 많은 프라하 사람들이 아침에 출근하면서 한 조각씩 입에 물고 간다기에 이곳의 대표 메뉴인 흘레비첵을 맛보았다. 감자 샐러드 위에 프라하 햄을 올린 이 요리는 특별한 맛이 있는 건 아니었지만 재료의 신선함이 그대로 느껴지는 게 아주 만족스러웠다. 샌드위치 외에 수프도 팔고 있다.

나셰 마소

- 업체 정보: Naše Maso
- 업체 위치: 727, Dlouha 727/39, 110 00 Praha
- 영업시간: 월-토 12:00~20:00, 일 휴무
- 작가의 말: 프라하의 '착한' 정육점.

〈나셰 마소〉는 〈라 데귀스타시옹〉 출신의 달리보르 크르지바네크가 운영하는 정육점이다. 체코에서 가장 질 좋은 가축들을 전통적인 방법으로 사육하는 농장들에서 공급받고, 마찬가지로 소시지 또한 그 어떤 첨가물도 일체 넣지 않는 옛날 방식 그대로 만들어 판다. 3가지 육가공품을 맛보았는데, 우리가 시중에서 흔히 사 먹는 공장 제품들과는 맛이 확연히 달랐다. 〈시스터즈〉에서는 모든 고기를 이곳에서 공급받아 쓴다고 한다. 이런 게 바로 지역 상생의 모범 답안이 아닐까 싶다.

보존제를 넣지 않아 유통기간이 짧다. 오후 6시부터 30%, 오후 7시부터 40% 할인하여 판매한다.

벨키 비노그라프

ⓘ 업체 정보	Velký Vinograf
◯ 업체 위치	Senovážné náměstí 978/23, 110 00 Praha 1
ⓥ 영업시간	월-금 11:30~00:00, 토 17:00~00:00, 일 휴무
☺ 작가의 말	체코 와인, 어디까지 맛봤니?

체코 하면 당연히 맥주부터 떠올리게 되지만 놀랍게도 체코에서도 여러 와인이 생산되고 있다. 자국 생산량과 소비량이 엇비슷해 굳이 수출을 하지 않아 인지도가 떨어질 뿐이지 체코인들은 그들의 와인을 상당히 즐긴다. 레드 와인은 솔직히 품질이 조금 떨어지지만, 화이트 와인은 질이 아주 우수한 편에 속한다. 소믈리에는 내 취향을 살피더니 체코 모라비아 지역에서 리즐링 품종으로 생산된 한 와인을 권했는데 그 맛이 마음에 쏙 들었다. 그래서 결국 프라하를 떠나기 전 한 병 샀다. 카를교 인근에 분점을 두고 있다.

체스트르

업체 정보	Čestr
업체 위치	Legerova 75/57, 110 00 Praha 1
영업시간	월–금 11:30~23:00, 토 12:00~23:00, 일 12:00~22:00
예약 방법	온라인 예약 http://cestr.ambi.cz 전화 예약 +420 222 727 851
가격	전식은 200코루나 이하, 본식은 200–300코루나, 고기류는 500코루나 이상
작가의 말	바로 뽑은 신선한 맥주와 맛있는 음식을 맛보고 싶다면!

점심식사로 간 곳은 공산주의 시절 연방 의회로 쓰이던 건물에 위치한 스테이크 전문점 〈체스트르〉. 이곳은 인상적이게도 맥주를 탱크째로 가게에 들여놓고 탱크에서 바로 맥주를 뽑아서 제공한다. 이날은 적힌 날짜를 보니 공장에서 생산된 지 고작 2일 지난 신선 그 자체의 맥주였다. 〈라 데귀스타시옹〉, 〈나셰 마소〉, 〈체스트르〉 그리고 이다음의 〈카페 사보이〉까지 실은 전부 암비엔테라는 기업의 소속이다. 그들이 체코의 식문화에 끼치는 영향은 실로 지대했다. 가이드는 그 기업을 두고 체코 요식업계의 애플이자 스티브 잡스라고 표현했다.

1. 갓 뽑아낸 필스너 우르켈 중 밀크 스타일

2. 구워낸 후 생마늘을 바른 빵

2. 크림 치즈를 바르고 쪽파를 올린 빵

4. 우유를 넣어 부드럽게 만든 메시드 포테이토

5. 마요네즈를 곁들인 올라무츠 트바루스키*

6. 버섯과 사바이옹*을 곁들인 달팽이

7. 메추리알을 올린 소고기 타르타르*

8. 채소를 곁들인 체코식 송어 구이

9. 거위 지방에 16시간 동안 천천히 익혀 부드럽게 만든 소 사태 살

10. 흑맥주와 버터에 천천히 구워 잡내는 잡고 풍미는 더한 소 도가니 살

11. 치킨 슈니첼*

12. 감자 덤플링*

13. 검은 송로버섯을 속에 넣고 천천히 그릴에 구운 닭

14. 이곳에서 꼭 맛봐야 한다는 맥주로 만든 아이스크림. 진짜 맥주맛 난다!

- 올라무츠 트바루스키 : 빵가루와 베이컨을 입혀 튀긴 숙성 치즈
- 사바이옹 : 달걀노른자, 설탕, 화이트 와인, 향료를 섞어 만든 소스
- 타르타르 : 서양식 육회
- 슈니첼 : 달걀을 입혀서 굽거나 튀긴 고기
- 덤플링 : 반죽들을 수프나 스튜의 액체 혼합물 속에 떨어뜨려 익을 때까지 조리한 것

카페 사보이

ⓘ 업체 정보	Café Savoy
◯ 업체 위치	Vítězná 124/5, 150 00 Praha 5-Malá Strana
⌄ 영업시간	월-일 08:00~22:30
💰 가격	에스프레소 58코루나, 카페라테 75코루나 오늘의 요리 145코루나, 195코루나
☺ 작가의 말	수프와 프렌치토스트가 맛있다는 소문.

〈테이스트 프라하〉 투어의 마지막으로 향한 곳은 네오 르네상스 양식의 천장으로 유명한 1893년에 문을 연 카페 〈사보이〉. 복층의 구조에 천장이 근사하기는 하였으나 〈카페 임페리얼〉이나 〈카페 오베츠니 둠〉에 비해 조금 단조롭기도 했다. 이곳 또한 현재는 1995년 처음 외식업계에 발을 들인 암비엔테 그룹 하에 있다.

처음 맛본 것은 코코넛 머랭에 초콜릿 크림을 넣은 라스콘카. 머랭에 같이 씹히는 코코넛의 맛은 사실 그리 마음에 들지 않았다. 다음으로 맛본 풍차 모양으로 캐러멜화한 슈 페이스트리에 캐러멜과 크림을 넣어 만든 베트린크는 달콤하고 부드러우면서도 캐러멜 층의 씹히는 식감까지 딱 내 취향이었다. 마지막으로 맛본 약초주 베카로카는 높은 도수때문인지 부다페스트의 유니쿰을 떠올리게 했다.

동유럽 최고의 레스토랑
라 데귀스타시옹

① 업체 정보	La Degustation
○ 업체 위치	Haštalska 753/18, 110 00 Praha 1
ⓘ 영업시간	월-일 18:00~00:00
예약 방법	온라인 예약 http://www.ladegustation.cz 전화 예약 +420 222 311 234
가격	1코스 2450코루나, 2코스 3350코루나
작가의 말	이곳이 동유럽 최고의 레스토랑이라고? 그래, 나도 정말 그렇게 생각해.

〈라 데귀스타시옹〉은 사실 처음 일정을 짤 때는 갈까 말까 꽤나 망설여졌던 곳이다. 이곳에는 코스 메뉴만 존재하고 그마저도 단 2가지의 선택만이 가능한데, 그것이 각각 대략 10만 원과 14만 원으로 꽤나 고가였기 때문이다. 게다가 음식뿐 아니라 와인까지 페어링하여 주문할 경우 각각 6만 원과 9만 원의 추가 요금이 붙는, 그야말로 큰마음 먹지 않으면 선뜻 가기 힘든 곳이었다. 특히나 같은 미슐랭 1스타 등급의 〈알크론〉의 가격이 그 절반이었기 때문에 굳이 이렇게 큰돈을 들여야 할까 고민이었다.

하지만 투어 팀에서 이곳이야말로 체코의 전통 요리에 기반을 둔 곳이고 지금은 비록 미슐랭 1스타에 머물러 있지만 그건 아마 미슐랭 심사위원들이 동유럽의 재료들을 낮추어보거나 익숙해하지 않아서일 거라며, 솔직히 2스타 이상은 받아야 할 곳이라고 생각한다면서 엄지를 척 치켜세웠기에 마음이 좀 기울었다. 그런 와중에 결정적으로 야간버스를 이용하면서 비용을 많이 아낀 터라 까짓것 한번 질러보자고 결심하게 됐다. 오전에 주방을 구경하면서 이들이 프라하를 중심으로 반경 100km 이내의 생산자들하고만 거래하여 지역경제 활성화에 기여하며, 제철 재료만을 쓰고 그날그날 시장에서 구입한 신선한 식재료에 맞춰 매일 메뉴를 바꾼다는 말에 기대감이 최고조에 이르렀다.

아주 대식가는 아닌데다 술도 많이 마시지 않는 편이라 10만 원짜리 코스에 6만 원짜리 와인 페어링을 주문했다. 결론부터 이야기하자면, 최고다. 이곳을 가기로 결심한 것은 신의 한 수였다고 본다. 단연코 이번 미식 여행 여정 중 가장 인상 깊은 레스토랑으로 이곳을 꼽을 만하다.

체코 전통 요리들을 프렌치 기법을 이용해서 풀어냈지만, 그 어느 것 하나도 프렌치라고 단정지어 부를 수는 없었다. 그들만의 재료를 썼고, 그들만의 요리를 했다. 다시 말해, 이곳이 아니면 그 어느 곳에서도 맛볼 수 없는 체코 요리들이었다. 더군다나 처음부터 끝까지 체코 와인만을 매칭해주었는데, 와인의 수준이 이토록 높을 줄은 몰랐다. 체코의 레드 와인은 수준이 떨어진다고 들었는데 이곳에서 그 말은 통하지 않는가보다. 과장 하나 안 보태고 프라하는 단지 이곳의 음식을 맛보기 위해서라도 다시 방문할 가치가 충분한 도시가 아닐까라고까지 생각케 했다. 다음에 온다면 기필코 14만 원짜리 코스에 9만 원짜리 와인 페어링을 주문해봐야겠다. 그때를 대비해서 위도 늘리고 술도 늘려놔야겠다. 아, 돈도 좀 벌어두고.

1. 코스를 선택하자 준 편지 형식의 오늘의 요리

2. 러비지 소금을 올린 초절임한 셀러리액

3. 오리 미트볼, 초절임한 당근, 양파와 타피오카*를 올린 비스킷

4. 바삭한 튀일*을 올린 소고기 타르타르

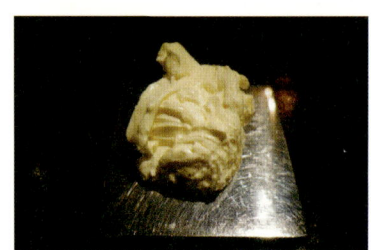
5. 직접 만든 버터

6. 직접 만든 빵과 번

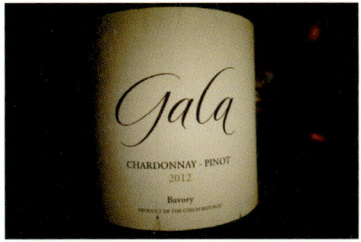
7. 체코 모라비아에서 샤르도네와 피노 그리 품종으로 생산된 화이트 와인

8. 그물 버섯과 셀러리액 그리고 살구 버섯

9. 체코 모라비아에서 피노 누아로 생산된 화이트 와인

10. 겨자와 당근을 곁들인 토마토 소스. 이렇게 진한 토마토 소스는 처음 맛보았다

11. 체코 보헤미아에서 뮐러-투르가우 품종으로 생산된 화이트 와인

12. 효모균으로 만든 육수 그리고 콜라비를 곁들인 메기

13. 체코 모라비아에서 리즐링 품종으로 생산된 화이트 와인

14. 체코 모라비아에서 생산된 발포주를 넣어 조리한 농어와 양배추

15. 체코 모라비아에서 생산된 reserve 급의 레드 와인

16. 이 레스토랑의 대표 메뉴, 사과와 노란 완두콩을 곁들인 소 혀 요리

17. 체코 모라비아에서 생산된 주정 강화 레드 와인으로 단맛이 특징

18. 벌집을 올린, 레몬과 홍차로 만든 디저트

19. 졸인 체코 코초르 맥주와 자두 잼 그리고 빵으로 만든 아이스크림

20. 바다 소금을 곁들인 캐러멜, 비트를 곁들인 스펀지케이크, 피스타치오를 곁들인 당근, 체리

21. 신선하게 내린 드립 커피

- 타피오카 : 카사바 뿌리에서 채취한 식용 녹말
- 튀일 : tuile, 종이처럼 얇은 쿠키

DAY 31 체스키크롬로프 여행

맛있는 커피
카페 라운지

① 업체 정보	Café Lounge
◯ 업체 위치	Plaská 615/8, 150 00 Praha 5 – Malá Strana
⊙ 영업시간	월-금 07:30~22:00, 토 09:00~22:00, 일 09:00~17:00
㊋ 가격	55코루나 내외
☺ 작가의 말	커피도 '맛'을 중요시한다면 프라하에서는 여기!

〈카페 라운지〉는 온갖 매체에서 최고의 카페로 선정한 바 있는 곳으로 프라하에서 커피맛으로는 으뜸으로 여겨지는 곳이다. 버스 출발 시간까지 여유가 좀 있어 잠시 들렀는데, 들어서자마자 신선한 커피 향이 코를 자극했다. 에스프레소를 마실 생각이었는데 내 앞사람이 주문한 에스프레소 마키아토의 우유 거품 상태가 아주 훌륭해 보여 나도 모르게 그것을 주문해버렸다.

마키아토는 이탈리아어로 점을 찍는다는 표현으로 에스프레소 위에 점을 찍듯 우유 거품을 올린 것을 말한다. 바리스타는 정성스럽게 고운 거품을 살살 올려주었는데, 정말로 그 맛과 향이 뛰어났다. 그러나 여유롭게 커피를 즐기다 버스를 놓칠 뻔했다.

체코 전통 빵
트르델닉

9시 버스는 한국인들이 선호하는 시간대였을까. 놀랍게도 버스 안은 한국인들로 가득했다. 왠지 우리나라 사람들만 가는 곳인가 싶어 영 찝찝한 마음도 들었지만 다행히 시내는 외국인들로 가득했다. 물론, 그들도 다들 관광객 같긴 했다만. 살짝 출출하여 간단히 요기할 요량으로 체코 전통 빵 트르델닉을 샀다. 인사동이나 명동에서 관광객들을 대상으로 파는 꿀타래 같은 느낌이 들어 정말 현지인들이 이걸 사 먹기는 할까 의문이 들기도 했는데 우리도 가끔 꿀타래 사 먹곤 하니까. 돌돌 만 형태의 빵에 설탕과 계핏가루를 묻혀서 주는데 달고 고소한 게 허기를 달래는 데에는 아주 제격이었다.

체코 전통 레스토랑
크르츠마 브 세아트라브스케 우리치

ⓘ	업체 정보	Krčma v Šatlavske ulici
⦿	업체 위치	Šatlavska 381 01 Česky Krumlov
⏱	영업시간	월-일 11:00~00:00
✉	예약 방법	이메일 예약 info@satlava.cz 전화 예약 +420 380 713 344
CZK	가격	콜레노 205코루나, 수프 55코루나, 모둠 고기 400코루나, 부드바르 35코루나
☺	작가의 말	이곳의 고기 굽는 모습을 보고도 그냥 지나친다면 당신은 매정한 사람.

1시로 예약해두었는데 1시에 가자 내 예약이 2시라고 우겼다. 주고받은 이메일을 다시 확인해보아도 1시가 맞다. 너무 불친절하여 다른 곳을 갈까 했지만 마땅한 곳도 없었을뿐더러 무엇보다 고기 굽는 모습이 끝내주어 어떻게든 먹고 싶었다. 드디어 2시. 다른 건 제쳐두고 콜레노에 탄성이 절로 나왔다. 족발을 숯불에 구우니 이런 맛이 나는구나. 쫄깃쫄깃한 속살과 바삭한 겉껍질의 조화 그리고 곁들인 흑맥주는 기다린 보람을 느끼기에 충분했다. 먹는 내내 자리를 잡지 못해 발을 동동 굴리는 사람들을 보고 있자니 묘한 성취감이 들었다. 가격은 인당 1만 원 정도. 은근히 배가 불러 고기는 조금 남겨야 할 정도였다.

1. 체코의 흑맥주 부드바르

2. 식사와 곁들여 먹는 빵

3. 빵 안에 담은 양파 수프

4. 체코식 족발인 콜레노

5. 모둠 고기 구이(칠면조, 돼지, 소)

술맛 아이스크림이라니
DEPO

- **업체 정보** DEPO
- **업체 위치** Latran 74, 381 01 Český Krumlov
- **영업시간** 월-일 11:00~23:00
- **가격** 아이스크림 49코루나
- **작가의 말** 술로 만든 아이스크림을 맛본 적이 있나요?

DEPO는 2014년 4월에 문을 연 펍으로 시원시원하게 뺀 인테리어와 공원을 향해 펼쳐져 있는 야외 테라스가 아주 마음에 드는 곳이다. 날씨가 좋아 테라스에 자리하고는 2가지 술맛 아이스크림을 주문했다. 그 중 하나가 예거마이스터로 만들어진 것이었는데, 일행은 한입 뜨더니 에너지 드링크와 섞어 마시는 예거밤맛이라며 깔깔댔다.

잘나가는 펍
로컬

ⓘ 업체 정보	Lokál
📍 업체 위치	Dlouhá 33, 110 00 Praha–Staré Město
🕐 영업시간	월–금 11:00~01:00, 토 12:00~01:00, 일 12:00~23:00
📧 예약 방법	온라인 예약 http://lokal-dlouha.ambi.cz/ 전화 예약 +420 222 316 265
💰 가격	수프 39코루나, 주요리 165~259코루나, 맥주 32~45코루나
🙂 작가의 말	펍에선 아무래도 제대로 된 식사를 기대하기 힘든데 암비엔테 그룹은 역시 달랐다!

다시 프라하로 돌아와 암비엔테 그룹이 운영하는 펍 〈로컬〉에 갔다. 전날의 〈체스트르〉와 같이 이곳 또한 맥주 탱크를 보유하고 있다. 이날 마신 건 바로 이날 생산된 맥주! 미리 예약해두어 자리를 쉽게 확보할 수 있었는데 이날 일행이 좀 늦었더니 그새를 못 참고 많은 사람들이 계속 앞에 있는 빈 의자를 가져가도 되냐고 수없이 물었고 나는 일행이 곧 올 거라고 수없이 답해야 했다. 그만큼 바쁘고 시끌벅적한 곳으로 같이 흠뻑 취하고 싶어지는 신명나고 매력적인 공간이었다.

그날 생산된 신선한 맥주가 든 탱크

체코 맥주 필스너 우르켈 중 스위트와 크림 맥주

직접 만든 면을 넣은 치킨 수프

버터에 튀긴 돼지 다리 슈니첼

버섯과 버터로 양념한 닭 가슴살

체코 맥주 코젤 중 크림 흑맥주

직접 만든 라즈베리 소다

버터에 구운 감자

DAY 32

프라하 미슐랭 1스타 레스토랑
알크론

ⓘ 업체 정보	The Alcron
◯ 업체 위치	Štěpanska 624/40, 110 00 Praha 1-Nove Město
ⓢ 영업시간	월-금 12:00~23:30(브레이크 타임 15:30~17:30), 토 17:30~23:30, 일 휴무
ⓜ 예약 방법	온라인 예약 http://www.alcron.cz 전화 예약 +420 222 820 410
가격	3코스 1000코루나, 4코스 1200코루나, 5코스 1400코루나
ⓒ 작가의 말	프라하만의 색채를 느끼기는 좀 힘들지만 하나같이 다 정갈하고 우수하다. 하지만 그리 안 비싸다.

〈알크론〉은 래디슨 블루 호텔 내에 위치한 레스토랑으로 1932년에 문을 연 유서 깊은 곳이다. 2000년에 호텔이 리모델링을 거침에 따라 세련된 공간으로 재탄생하였고 지난 2008년부터는 힐튼 호텔 출신의 로만 파울루스 셰프가 주방을 이끌고 있다. 이곳은 〈라 데귀스타시옹〉과 함께 2012년에 처음 미슐랭 1스타를 받았고 지금까지 계속 그 별을 유지해오고 있어 2014년 기준, 〈라 데귀스타시옹〉과 함께 프라하의 유이한 미슐랭 스타 레스토랑이다.

이곳은 점심에 3코스에 4만 5천 원이라는 아주 합리적인 가격의 메뉴로 운영한다. 날씨가 아주 좋아 대중교통을 이용하는 대신 천천히 걸어갔다. 숙소는 카를교 인근에 있었고 식당은 바 츨라프 광장 쪽에 위치한 탓에 프라하 구시가를 지나야 했는데, 마지막날이어서 그랬을까. 유독 그 모습이 아름다워 보였고 여행을 하며 겪었던 수많은 일들이 마치 주마등처럼 눈앞에 스쳐지나갔다.

1. 체코 모라비아에서 피노 블랑 품종으로 만든 화이트 와인

2. 빵에 발라 먹는 4가지 맛의 버터(칠리 버터, 훈제한 가염 버터, 일반 버터, 유자 버터)

3. 식사중 수시로 제공된 4가지 맛의 빵, 계속 따뜻한 상태의 빵을 제공해주었다

4. 튀긴 케이퍼와 참치 소스를 곁들인 송아지 고기

5. 칠리와 오이를 곁들인 농어와 관자 세비체

6. 모렐 버섯과 아스파라거스를 곁들인, 토끼 콩피로 속을 채운 라비올리

7. 칠리 라임 소스와 야채 샐러드 타불리, 럼에 재우고 훈제한 스코틀랜드 연어

8. 대황에 재웠다가 팬에 구운 푸아그라와 딸기

9. 파프리카 라구, 쿠스쿠스와 유사한 파스타 프레골라, 팬에 구운 민물 농어

10. 메추리알을 넣어 만든 포리지*를 곁들인 농어

11. 계피 빵가루를 묻혀 만든 딸기 덤플링

12. 딸기 셔벗

13. 시칠리아산 레몬 타르트와 레몬 타임 셔벗

14. 차갑고 따뜻한 질감의 발로나 초콜릿

• 포리지 : 오트밀에 우유를 넣어 만드는 죽

소개를 마치며

여행중에는 한국에서 쉽게 접하던 것들을 가급적 잊어주었으면 좋겠다. 그곳이 아니면 먹을 수 없는 요리들을 조금이라도 더 맛보다보면, 미각이 더욱더 풍부해지고 그에 맞추어 삶이 더욱 풍요로워질 것이라 확신한다.
혹자는 여행 자체만으로도 사치라고 생각할 것이고, 현지 음식들을 먹는 것은 그야말로 과소비라고 치부할지 모르지만, 설령 그것이 아주 일시적 쾌락이라 할지라도, 살면서 그런 즐거움을 느끼는 것만큼 호사스런 일이 또 어디 있을까 싶다.

Dis-moi ce que tu manges, je te dirai ce que tu es.
(당신이 무엇을 먹는지 말해준다면 당신이 어떤 사람인지 말해주겠다.)

저명한 미식가 앙텔름 브리야사바랭의 말이다.
이제 당신이 유럽에서 무엇을 먹었는지 말해달라. 그러면 당신이 어떤 여행자인지 말해줄 테니.

특별히 고마운 사람들.

항상 나를 응원해주는 오랜 친구 유진이, 런던과 파리의 여행에 많은 도움 주신 〈11 체스터필드웨이〉의 김정환 셰프님과 〈메르씨엘〉의 윤화영 셰프님, 같이 여행한 요리사 상은이, 책 쓰는 데 도움 주신 김성연 작가님, 김지호 셰프, 이은영 소믈리에, 이 책이 세상의 빛을 보게 힘써주신 이희숙 에디터님, 이병률 대표님, 그리고 김병욱 감독님. 글 쓰는 동안 맛있는 디저트들을 내어준 〈코코브루니〉 센터원점의 직원들 그리고 언제나 나를 지지해주는 나의 가족 모두에게,

고맙습니다.

한입이어도
제대로 먹는
유럽여행

초판 1쇄 인쇄	2015년 8월 28일	출판등록	2009년 5월 26일 제406-2009-000034호
초판 1쇄 발행	2015년 9월 4일	주소	413-120 경기도 파주시 회동길 210
		전자우편	dal@munhak.com
글·사진	이재호	인스타그램	dalpublishers
		페이스북	facebook.com/dalpublishers
편집장	김지향	트위터	@dalpublishers
편집	이희숙	전화번호	031-955-1921(편집) 031-955-2688(마케팅)
편집보조	박선주	팩스	031-955-8855
모니터링	이희연	ISBN	979-11-5816-013-5 13980
표지 디자인	신선아		
본문 디자인	신선아 이정민		
제작	강신은 김동욱 임현식		
마케팅	방미연 정유선 오혜림		
홍보	김희숙 김상만 한수진 이천희		
펴낸이	이병률		
펴낸곳	달		
브랜드	벨라루나		

· 이 책의 판권은 지은이와 (주)달에 있습니다.
  이 책 내용의 전부 또는 일부를 재사용하려면 반드시 양측의 서면
  동의를 받아야 합니다.
· 벨라루나(Bella Luna)는 달 출판사의 실용 브랜드입니다.
· 이 도서의 국립중앙도서관 출판시도서목록(CIP)은 e-CIP홈페이
  지(http://www.nl.go.kr/ecip)와 국가자료공동목록시스템(http://
  www.nl.go.kr/kolisnet)에서 이용하실 수 있습니다.
  (CIP제어번호: CIP 2015022600)